LA CONFISCATION DES BIENS

DE LA

FAMILLE D'ORLÉANS

LA CONFISCATION DES BIENS

DE LA

FAMILLE D'ORLÉANS

SOUVENIRS HISTORIQUES

PAR

LE Cᵗᵉ DE MONTALIVET

EXTRAIT DE LA *REVUE DES DEUX MONDES*

1ᵉʳ Décembre 1871

PARIS

IMPRIMERIE DE J. CLAYE

RUE SAINT-BENOIT

1871

LA CONFISCATION

DES BIENS

DE LA

FAMILLE D'ORLÉANS

SOUVENIRS HISTORIQUES

Une enquête est ouverte sur les causes des affreux malheurs qui viennent d'accabler la France. Bien aveugles seraient ceux qui les chercheraient seulement dans les aspirations rêveuses d'un prince nourri de la légende napoléonienne, écrasé par elle le jour où il a voulu la rajeunir, ou dans l'esprit d'aventure d'un souverain dont la politique n'a jamais cessé de tenir plus ou moins de la conspiration ou du coup d'état. Plus aveugles encore ceux qui, au-dessous de ce grand responsable devant la France et devant l'histoire, ne chercheraient la cause de nos désastres que dans les choix d'un favoritisme de cour, dans les fautes d'une administration imprévoyante ou dans des plans militaires mal combinés.

Assurément on ne fait que justice quand on signale avec autant de stupéfaction que de douleur les défaillances d'un général couronné, vrai type de la stérilité dans le mouvement, ne commandant rien et empêchant les autres de commander. Vous en avez été les témoins et les victimes, glorieux vaincus des armées impériales! Lorsque la France terrassée a commencé à respirer et à se relever sous la main d'un pouvoir organisateur, animé du plus pur patriotisme, laissant aux hommes la liberté de leur mouvement dans un plan largement tracé, vous avez marché sûrement vers le but assigné, et dans une bataille de sept jours à jamais douloureux vous avez accompli une œuvre que les Allemands n'ont pas osé tenter. L'impéritie du pouvoir, le vertige d'une tête mal réglée et les fautes d'une mauvaise administration expliqueraient donc les désastres militaires; mais nous savons, hélas! que les blessures reçues en combattant l'étranger ne sont pas les seules par lesquelles notre bien-aimée patrie a vu couler le plus pur de son sang. Elle a des plaies plus profondes, plus anciennes et plus dangereuses. A qui devons-nous cette horrible guerre civile, cette anarchie désespérante dans les esprits, ce déchaînement des passions les plus subversives et cet affaissement des âmes? Non! les causes matérielles ne suffisent pas pour expliquer l'accumulation de tant de maux et de maux si divers; il faut aller plus loin, plus au fond, il faut arriver aux causes morales et signaler avec fermeté ce qu'on peut appeler la cause des causes. Quand un peuple sort des mains de son gouvernement moins généreux, dévoré d'appétits plus grossiers, moins dévoué au drapeau national, moins attaché à cette unité française dont il ne semble presque plus comprendre les conditions; quand il accepte avec plus d'indifférence curieuse que de salutaire indignation les déclamations contre toutes les bases de la société, on peut tenir pour certain que ce peuple n'est plus dans la voie naturelle de l'humanité, qu'il en a dévié sous des influences continues et insensibles, et qu'il n'est pas enfin le plus grand coupable.

Le grand coupable, la philosophie de l'histoire le signalera impitoyablement : c'est ce gouvernement qui, au lieu de s'adresser aux mâles vertus du peuple et de lui en donner l'exemple, aura exploité dans son intérêt ses plus mauvais penchans. L'enquête à laquelle l'assemblée nationale se livre aujourd'hui montrera comment l'empire a profondément altéré toutes les institutions destinées à diriger, à élever, à défendre la société; aucune n'a échappé à son action délétère, car il a touché à toutes. D'ailleurs rien n'avait manqué dans la phase dictatoriale qui a suivi le coup d'état du 2 décembre 1851 pour faire saisir aux moins aveugles ce que le nouveau régime réservait à la France. Le prince-président ne s'est servi du pouvoir dont il s'était violemment emparé que pour porter la main sur les droits les plus sacrés du citoyen en même temps que sur la propriété, en confisquant les biens privés de la famille d'Orléans. Comment s'étonner que de tels germes déposés et nourris dans le cerveau étroit et le cœur perverti d'une démagogie sauvage s'y soient développés, y aient grandi et aient produit, à vingt ans de distance, un autre assaut livré à l'assemblée nationale, d'autres attentats contre les personnes, et le retour par en bas de la confiscation, dont l'exemple était parti de si haut?

D'autres ont éloquemment raconté la violation de l'assemblée nationale, l'emprisonnement et l'exil des plus courageux citoyens. Qu'on nous permette de nous attacher à l'un de ces attentats, le moins familier à la génération nouvelle et peut-être un des plus graves. C'est aux décrets du 22 janvier 1852, c'est à ce retour à la confiscation, auquel Louis-Napoléon s'est en vain efforcé d'enlever son vrai nom, que sont consacrées les pages qui vont suivre.

I.

La France avait connu la confiscation audacieuse marchant le front levé; son nom seul rappelait les passions diverses qui l'avaient dictée, — les luttes féodales, le fanatisme religieux, l'orgueil et l'ambition sous toutes les formes comme dans l'ancien régime, — la lutte furieuse, le fanatisme politique, la réaction aveugle et forcenée comme dans notre première révolution. Il était donné à notre époque de connaître une autre sorte de confiscation; celle-ci a l'aspect calme, on peut lire à peine sur son front la passion qui l'a fait naître. Elle est un calcul plus encore qu'une passion; aussi n'a-t-elle pas besoin pour se produire de la complicité des agitations populaires; enfin on ne la voit pas apparaître sous son vrai nom, mais ses coups n'en sont pas moins sûrs, en même temps qu'ils sont plus cruels : c'est la spoliation armée du mensonge et de la calomnie.

Telle est l'image fidèle des décrets du 22 janvier 1852, qui ont dépouillé les princes d'Orléans de la fortune de leur père. Nous sommes assuré qu'après avoir parcouru avec nous les diverses phases de ces actes déplorables, il n'est pas un esprit droit, il n'est pas un cœur honnête qui ne ratifie le jugement que nous venons d'en porter. Louis-Napoléon a proclamé dans ce décret que Louis-Philippe s'était rendu coupable d'une fraude honteuse envers le trésor public en faisant donation de ses biens à ses enfans quand ils devaient être dévolus à l'état en vertu du principe monarchique reconnu par Henri IV et rétabli par Louis XVIII, qui voulait que les biens privés de chaque héritier légitime arrivant au trône fussent incorporés de plein droit au domaine de l'état (1). Or l'avénement du duc d'Orléans au trône était la négation directe de ce principe; qu'importe? Alors même que la dévolution eût été applicable à la dynastie nouvelle, la donation faite le 7 août 1830 eût encore été valable, puisqu'elle avait été faite, non par le roi Louis-Philippe Ier, mais par le duc d'Orléans. Le prince n'avait fait qu'imiter en cela le comte d'Artois, prenant ses précautions contre le principe de la dévolution pour le cas où la mort de son frère Louis XVIII l'appellerait au trône; qu'importe encore? Il fallait un prétexte, il a été trouvé : Basile s'est mis au service du conspirateur de Stras-

(1) Édit de juillet 1601. — Loi du 9 novembre 1814, article 20.

bourg, de Boulogne et de l'Élysée (1), la calomnie est rédigée en considérans, et la spoliation en articles (2).

Le duc d'Orléans, après avoir échoué dans ses efforts pour prévenir le funeste coup d'état qui devait entraîner la chute du trône de Charles X, venait de se voir porter à la lieutenance générale du royaume par le courant irrésistible de l'opinion publique. A ce moment solennel, il se donna tout entier à la France et consacra quelques heures à peine à ses affaires, qui devenaient beaucoup plus celles de ses enfans que les siennes propres. Par l'acte du 7 août, il partagea entre eux tous ses biens patrimoniaux. Son attention fut appelée sur ce sujet par un de ses conseillers privés, M. le président Amy, qui, trop soumis aux préoccupations du passé, qu'il regrettait, n'avait pu échapper entièrement à l'influence du principe de la dévolution, conséquence de la successibilité monarchique. Il insistait sur ce motif, que des esprits mal faits pouvaient soulever plus tard la question de la dévolution, bien qu'elle fût en flagrant désaccord avec les conditions de la royauté nouvelle. « Je donne sans doute, ajoutait-il, un conseil d'une prudence exagérée; mais ce qui abonde ne vicie pas, et dans tous les cas il s'agit d'un acte de bienveillance paternelle qui, en soi, ne peut trouver que des approbateurs. »

Le duc d'Orléans savait que ses propriétés privées n'étaient nullement menacées d'une dévolution à l'état, dévolution qui n'aurait pu avoir lieu qu'en conformité des principes de la monarchie légitime et de droit divin, tandis qu'il n'arrivait au trône qu'en sacrifiant ces principes dans sa personne à la volonté de la France. Le prince ne fut donc nullement touché de ce que le président Amy appelait lui-même une prudence exagérée; mais, comme père de famille, il ne fit aucune difficulté d'accepter un acte de droit commun que beaucoup accomplissent chaque jour, et qui avait du moins le mérite d'être un don généreux envers ses enfans, dispensés ainsi de tous droits à payer au moment de son décès. Aussi cette donation ne fut combattue par aucun des conseillers politiques que la

(1) Voici à ce propos une anecdote qui mérite d'être recueillie. Une personne de l'intimité de M. Léon Faucher, ministre de Louis-Napoléon en 1849, l'interrogeait un jour avec curiosité sur les opinions du prince, qu'il voyait tous les jours. « Je n'en sais pas plus long que ce que je vais vous en dire, répondit le ministre : il a conspiré contre la France sous Louis-Philippe; il conspire contre nous, il conspirera bientôt contre la république; et, quand il n'y aura plus personne contre qui il puisse conspirer, il conspirera contre lui-même. »

(2) On peut consulter à ce sujet les discours de M. Dupin dans la discussion de la loi du 2 mars 1832, où les questions de droit et de fait ont été exposées par lui avec cette netteté savante et incisive qui lui était propre. Séances des 7, 9, 10 et 13 janvier 1832 à la chambre des députés.

commission de l'Hôtel de Ville avait placés, en se retirant, aux côtés du lieutenant-général du royaume, et à la tête desquels se trouvait M. Dupont (de l'Eure) comme ministre de la justice. A ce sujet, un souvenir se trouve sous ma plume, qui est à la fois un témoignage de la disposition d'esprit du prince et une anecdote curieuse par le nom qui s'y rattache. Dans les premiers jours d'août 1830, le duc d'Orléans demandait conseil à divers personnages avant de décider sous quel nom il devrait, le cas échéant, prendre place parmi les souverains. L'un d'eux émit l'avis qu'il s'appelât Philippe VII. « Non, mon cher ministre, répliqua le duc d'Orléans, cela est impossible; un chiffre multiple ne saurait me convenir. Je le dis tristement, mais résolûment : je suis un numéro 1, quoique Philippe de nom et petit-fils d'Henri IV, et je m'appellerai Louis-Philippe I". » L'interlocuteur était Dupont (de l'Eure), qui, un an plus tard, eût certainement traité le donneur d'avis de quasi-légitimiste.

Ne nous bornons pas à envisager les décrets de 1852 dans leurs rapports avec le droit politique et le droit commun, dont l'étude a été faite et approfondie par les jurisconsultes les plus éminens; attachons-nous surtout à en examiner les rapports avec le mouvement des passions politiques et révolutionnaires, avec les innombrables attaques d'une critique impitoyable et d'une opposition sans merci. Si les décrets du 22 janvier 1852 ne sont pas l'œuvre d'une personnalité donnant froidement satisfaction à une haine défiante de l'avenir et doublée d'ingratitude, il est impossible que nous n'y reconnaissions pas à un moment quelconque la trace des passions hostiles qui n'ont cessé de poursuivre Louis-Philippe pendant toute la durée de son règne, surtout dans les questions qui touchaient à ses intérêts personnels et privés; il est impossible que la fraude prétendue dont Louis-Philippe se serait rendu coupable le 7 août envers l'état non-seulement ait échappé à la censure des bons citoyens défenseurs de la fortune publique, mais encore n'ait pas été saisie comme une arme redoutable par les partis politiques les plus acharnés à sa perte.

La donation du 7 août a été faite en pleine lumière et sous les regards d'une opposition passionnée, née en même temps qu'elle. Bien peu parmi les républicains avaient écouté les conseils de la sagesse trop peu durable de Lafayette parlant de la monarchie constitutionnelle comme de la meilleure des républiques; bien peu de légitimistes avaient imité la résignation éclairée et patriotique de M. le duc de Fitz-James, qui s'écriait à la chambre des pairs au moment de prêter serment « qu'ayant vu l'anarchie prête à nous ressaisir et à nous dévorer, il se soumettait à la grande considération du salut de la France. » La monarchie de Louis-Philippe avait donc dès la veille, dès le jour de sa naissance, des ennemis décidés à ne rien ménager et prêts, je ne dirai pas à toutes les critiques, mais à toutes les calomnies. Une année s'était à peine écoulée, que la présentation et plus tard la discussion d'un projet de loi sur la liste civile et sur le domaine privé offrirent aux oppositions de gauche et de droite, dans la presse et dans les chambres, l'occasion de se livrer aux recherches les plus approfondies sur la donation du 7 août, de juger si elle avait régulièrement constitué la propriété dans les mains des princes donataires, et s'il n'y avait pas eu lésion des droits de l'état. La discussion dans la chambre des députés fut vive et prolongée. Beaucoup d'articles furent contestés, plusieurs furent rejetés ou amendés : pas un mot de critique sur la donation du 7 août, si ce n'est que le duc d'Orléans aurait pu s'en dispenser. Du reste les longues explications qui eurent lieu sur le domaine privé et sur l'apanage de la maison d'Orléans ne laissèrent aucune obscurité sur la nature toute patrimoniale et privée des propriétés de la famille d'Orléans. Ce domaine se composait uniquement : 1° des biens que le duc d'Orléans avait recueillis dans la succession de sa mère, et dont l'origine était toute patrimoniale; 2° des biens de la succession de son père qu'il avait rachetés à la barre des tribunaux; 3° enfin de quelques acquisitions particielles. Voici en quels termes M. Dupin s'exprimait à la chambre des députés en janvier 1832 sans s'attirer aucune interruption de la part de l'opposition, aucune contradiction de la part de ses orateurs.

« Au lieu de suivre un exemple trop général, donné par les grands seigneurs et les princes, qui renonçaient à leurs successions obérées et laissaient les créanciers se lamenter, le duc d'Orléans a accepté sous bénéfice d'inventaire pour éviter les saisies et se donner le temps de liquider la succession de son père. Les bois ont été mis en vente, il les a rachetés aux enchères; il a trouvé ainsi le moyen de payer complétement toutes les dettes de son père, quoiqu'il n'eût laissé que 10 millions d'actif... La succession maternelle est échue, elle était encore toute patrimoniale, toute foncière; des indemnités y étaient attachées. Ce qui en est provenu a été employé en entier par le prince, non compris les dépenses qu'il avait déjà faites pour l'accroissement du Palais-Royal. Il savait bien cependant qu'il construisait sur un terrain domanial, puisque le Palais-Royal était apanagé. Au lieu d'exploiter le sol, de le ravager, comme l'ont fait certains princes apanagistes, il l'a orné de ces belles constructions qui sont une des merveilles du pays, un des monumens dont la nation peut s'enorgueillir. On peut tirer de tous les faits que je viens d'énumérer cette conséquence, que la branche d'Orléans, la dynastie aujourd'hui régnante, s'est identifiée avec la nation française au plus haut degré. Jamais prince, jamais dynastie n'a plus lié son sort et ses destinées au sol de la patrie que la maison d'Orléans; elle a confié son avenir et tout ce qui lui appartient au sol français. Non-seulement le roi actuel n'a jamais acheté de bien qu'en France, mais il n'a jamais placé de l'argent qu'en France; tout est sous la garde de la nation, comme tout est sous la garde de son gouvernement constitutionnel. »

Cette discussion, qu'on ne saurait trop consulter, constate encore, premièrement, que l'apanage constitué par Louis XIV à son frère, Monsieur, duc d'Orléans, pour lui tenir lieu de sa part héréditaire dans les successions de Louis XIII, son père, et d'Anne d'Autriche, sa mère, a fait retour à l'état le 9 août 1830, jour de l'acceptation de la royauté par Louis-Philippe; secondement, que ce retour a eu lieu sans aucune réserve ni exception, et par une séparation absolue et définitive avec les propriétés patrimoniales composant le domaine privé de la famille d'Orléans, dont la fortune a été ainsi diminuée de plus des deux tiers. On voit M. Salverte d'un côté, au nom de la gauche, M. Dupin de l'autre, au nom de la majorité de la chambre des députés, s'accorder à reconnaître le droit, non-seulement pour le duc d'Orléans, mais aussi pour le roi, de disposer de ses biens comme tous les citoyens français. « Aujourd'hui, avait dit M. Salverte, le domaine privé doit être assimilé à celui des autres propriétaires; il n'y a qu'à considérer le roi comme le premier père de famille de son royaume, à soumettre ses biens aux mêmes conditions que ceux des autres propriétaires et à lui en laisser tous les avantages. » Un amendement rédigé par lui dans ce sens fut adopté à la presque unanimité.

Tel fut sur le principe de la dévolution du domaine privé à l'état en 1830 et sur l'acte même de la donation du 7 août, après une discussion de plusieurs semaines, le verdict des assemblées législatives de 1832, où siégeaient les jurisconsultes les plus éprouvés, les hommes éminens de toutes les opinions, et parmi eux les chefs des partis politiques les plus passionnés et les plus ardens. Aussi la donation du 7 août n'entra-t-elle pour rien dans les attaques si nombreuses, si violentes, qui ne cessèrent d'être dirigées contre Louis-Philippe, comme roi et comme père, depuis le commencement jusqu'à la fin de son règne. Mais poussons la démonstration jusqu'au bout, et descendons de la tribune des chambres jusqu'aux pamphlétaires, afin de découvrir, s'il est possible, quelque précurseur à l'auteur des décrets de 1852, qui devait, vingt ans plus tard, accuser de fraude et de détournement au détriment de l'état l'acte du 7 août 1830, dont la conscience publique avait proclamé la légalité. Pour y parvenir, condamnons-nous à relire l'œuvre si cruellement inventive du plus impitoyable pamphlétaire du règne de Louis-Philippe, de M. de Cormenin, le futur conseiller d'état de Napoléon III. Eh bien! la lecture attentive de ses deux cent quarante-neuf pamphlets ne nous a révélé que quelques lignes consacrées en passant à la donation du 7 août, et encore voici à quoi elles se réduisent. L'auteur émet le vœu que la loi sur la liste civile de la royauté de juillet établisse le principe de la dévolution du domaine privé à l'état à chaque changement de règne; mais, comme la donation faite par le duc d'Orléans est du 7 août, c'est-à-dire antérieure à la royauté acceptée par le prince, M. de Cormenin, géné par ces simples dates, se borne à souhaiter que, tout en maintenant la nue propriété aux donataires, l'usufruit que le duc d'Orléans s'était réservé soit dévolu à l'état. Qui ne remarquerait d'ailleurs le silence absolu gardé par M. de Cormenin à la chambre des députés pendant qu'en sa présence la loi du 2 mars 1832 maintenait le domaine privé avec tous les droits du père de famille et la donation du 7 août 1830, qui en était l'éclatante consécration? Décidément les décrets du 22 janvier 1852 se détachent sur le fond du régime impérial sans la complicité anticipée d'aucune des passions qui se sont déchaînées contre Louis-Philippe de 1830 à 1848, et jusqu'ici ces actes appartiennent tout entiers à ce régime dépourvu de sens moral qu'ils serviront à caractériser dans l'histoire.

II.

Nous avons vu ce qu'avait été sous le règne de la monarchie constitutionnelle l'attitude des partis extrêmes à l'égard du principe de la propriété, représenté par les biens privés de la famille d'Orléans. La confiscation indirecte, rêvée peut-être par quelques ennemis de la royauté de juillet, n'avait même pas osé se produire au grand jour, tant la réprobation eût été vive et générale. C'était à cette époque le règne des pouvoirs pondérés, des libertés réglées par la loi, des solutions moyennes, auquel l'esprit public semblait s'être si fermement attaché qu'on ne peut expliquer la révolution de 1848, immense surprise, que par la croyance générale qu'elle était impossible. Quoi qu'il en soit, la scène change tout à coup; en quelques heures, toutes les digues sont rompues, et le flot parisien, dans sa course vertigineuse, entraîne tout, hommes et choses, dynastie et constitution. Une tourbe aveugle et brutale a pénétré dans les Tuileries, au Palais-Royal et à Neuilly jusque dans le sanctuaire intime de la famille d'Orléans. Les souvenirs personnels, les livres, les meubles précieux, une foule d'objets d'art, tout est brisé, anéanti, et le signal de la violation de la propriété est donné le jour même qui voit naître un nouveau gouvernement; l'épreuve faite pendant dix-huit ans est donc à recommencer dans des conditions bien autrement dangereuses. Les principes les plus essentiels de toute société, et en particulier celui de

la propriété, resteront-ils sacrés aux yeux des nouveaux maîtres de
la France? Le respecteront-ils sous sa forme la plus propre à donner satisfaction à leurs penchans révolutionnaires, à leurs haines
et aux calomnies qui avaient tant contribué à la chute de Louis-
Philippe? Quelle bonne occasion de confondre de nouveau la question des apanages et du domaine de la couronne avec celle des biens
patrimoniaux de la famille d'Orléans! L'état n'avait besoin à ce
moment que d'un mot pour reprendre sans résistance son bien pré-
tendu, et ce mot dépendait d'un gouvernement dictatorial composé
presque entièrement des ennemis les plus acharnés de la monarchie
de 1830.

Hâtons-nous de le dire, ce mot n'a pas été prononcé : quelques
énergumènes qui avaient à peine un écho dans le gouvernement
provisoire (1) avaient parlé de confiscation; personne n'avait mis en
avant la combinaison cauteleuse et perfide qui devait plus tard lui
servir de prétexte. C'est un témoignage personnel qu'il m'est permis d'apporter ici, car depuis l'abandon fatal auquel j'ai si doulou-
reusement assisté le 24 février, je n'ai pas quitté Paris un seul instant, si ce n'est pendant quelques heures pour mettre le roi en
sûreté à Saint-Cloud à la tête de cinquante gardes nationaux de
la brave légion de cavalerie que j'avais l'honneur de commander.
Il m'a donc été donné d'assister au spectacle des tentations que la
passion politique faisait aisément pénétrer dans le sein du gouvernement provisoire, et même de m'y mêler en faisant entendre
plus d'une fois à quelques-uns des membres de ce gouvernement
la voix de la justice et de la vérité. Pendant les premiers jours,
j'étais sans partage à mes douleurs de citoyen en même temps
qu'aux espérances que les regrets de l'immense majorité du pays
me permettaient de conserver encore; j'en suivais avec anxiété les
moindres lueurs dans ce Paris moins révolutionnaire au fond que
sa récente révolution. Je fus bientôt ramené par la force des choses
au triste sentiment de la réalité et à la douloureuse conviction que
la monarchie constitutionnelle avait essuyé une défaite dont elle ne
devait pas se relever de longtemps. Je me livrai tout entier et spon-
tanément à la mission de lutter, s'il le fallait, à tous les degrés pour
sauver du moins les épaves matérielles du grand naufrage politique
que je m'étais efforcé de prévenir par des avis qui n'avaient pas été
écoutés. L'occasion ne se fit pas longtemps attendre.

M. Marrast fut le premier membre du gouvernement provisoire
avec lequel je me trouvai en rapport. Pressé de faire des recherches
qui devaient dans sa pensée fournir la preuve des accusations dont

(1) Le gouvernement provisoire se composait de MM. Dupont (de l'Eure), Lamartine, Crémieux, Arago, Ledru-Rollin, Garnier-Pagès, Marie, Armand Marrast, Louis
Blanc, Ferdinand Flocon, et Albert, ouvrier.

il avait accablé la monarchie déchue, — ayant fini apparemment, comme *le Menteur* de Corneille, par accorder à ses fables une crédulité fatalement communicative, — le rédacteur en chef du *National* avait témoigné à ses collègues le désir de prendre en main les deux administrations de la liste civile et du domaine privé. M. Marrast ne réclama pas en vain le bénéfice d'une spécialité trop bien établie, et, dès les derniers jours de février, il vint prendre possession de l'hôtel de l'intendance générale, armé d'une décision du gouvernement provisoire, qui ne fut cependant formulée en décret que le 2 mars suivant. Je fus immédiatement convié à une entrevue, place Vendôme, dans des termes courtois sans doute, mais qui ne laissaient place ni à un refus ni à un ajournement. D'ailleurs j'étais impatient moi-même de cet appel. J'avais hâte de me trouver en face des accusateurs de la veille, des vainqueurs sans combat du lendemain. C'était une pauvre lutte, mais enfin c'en était une que je voyais venir comme la seule consolation qui pût m'échoir en ce moment. J'étais tellement possédé de ces idées que je traversai sans y faire la moindre attention et sans regrets ces salons ornés par moi, où j'étais appelé comme un vaincu, peut-être comme un accusé. En effet, le fauteuil sur lequel M. Marrast me fit asseoir fut tout d'abord une sellette. Je devais connaître, suivant lui, tous les secrets de Louis-Philippe. Il venait me les demander au nom de l'état, au nom des intérêts mêmes de la famille d'Orléans, qui pourrait être rendue responsable des dissimulations dont on voudrait courir la chance, et enfin au nom de ma propre sûreté.

La menace à mon adresse fut reçue comme elle devait l'être. Pour le reste, ma réponse était facile, car M. Marrast n'avait rien à demander que le hasard d'une révolution soudaine et imprévue n'eût mis dès la première heure entre ses mains. Il n'est pas un document, un papier, un compte, qui ne fût en la possession du gouvernement. « Interrogez, lui dis-je, ces témoins irrécusables, et ils vous apprendront, sans pouvoir être démentis, que je n'ai rien à vous apprendre. Quant à l'imputation d'avoir accumulé des trésors au dehors, retenez bien ceci : le roi Louis-Philippe n'a jamais fait passer un centime à l'étranger. » Et à ce propos je me donnai la satisfaction de l'initier à un fait connu de bien peu de personnes, au seul secret que les papiers ne pouvaient révéler au gouvernement, parce que les documens qui le concernaient étaient en Angleterre, chez M. Coutts. « Vous le savez, lui dis-je, le duc d'Orléans, qui avait refusé de se rendre à Gand, en 1815, afin de ne pas se mettre à la suite des armées ennemies, avait prolongé son séjour à Twickenham jusqu'en 1817, pour ne pas être témoin des mesures violentes et réactionnaires qui suivirent les cent jours. A cette époque, il avait chez M. Coutts un capital de 150,000 francs environ, fruit de quelques économies. En quittant l'Angleterre, le prince laissa pour instruction à M. Coutts d'en placer chaque année le revenu. Il y a de cela 31 ans. Ramené par l'exil en Angleterre, le roi va y retrouver son petit capital un peu plus que doublé, et sera propriétaire hors de France de 4 à 500 livres sterling environ (10 ou 12,000 francs) de revenu. Tels sont les trésors dont Louis-Philippe va jouir à l'étranger. Vous avez maintenant tous les secrets, monsieur. Il n'y en a pas d'autres à apprendre sur la politique ou sur la fortune de Louis-Philippe. »

Mon accent ajoutait sans doute beaucoup à mes paroles, car j'aperçus bientôt un grand changement mêlé d'embarras dans l'attitude de M. Marrast à mon égard. Je crois pouvoir dire qu'il m'apparut à ce moment tel qu'il était réellement : mobile, plus artiste qu'homme politique, organe de passions qu'il partageait à peine, et désintéressé d'ailleurs des violences de son passé par les jouissances même matérielles du pouvoir qui venait de tomber entre ses mains. Quoi qu'il en soit, il changea bientôt le terrain de la conversation en me provoquant à une discussion de principes sur la monarchie constitutionnelle et la république. Ce ne fut pas la partie la moins animée de notre entretien; mais je ne veux m'arrêter en ce moment qu'aux dernières paroles échangées entre nous, qui se rapportent à mon sujet. Comme je lui parlais des bruits de confiscation qui trouvaient crédit auprès de quelques personnes, — « n'en croyez rien, me dit-il, nous ne sommes pas des spoliateurs, mais des créanciers; nous séquestrerons, rien de plus. Le séquestre sera sévère et complet; mais il laissera la question tout entière jusqu'à la décision de l'assemblée nationale, seul juge compétent. »

Avec M. de Lamartine, le soupçon de confiscation n'était point même permis : assurément sa conduite le 24 février pouvait passer pour une trahison après tous les engagemens qu'il avait pris envers quelques-uns de ses amis et envers lui-même; mais à part cette coupable et irrémédiable faiblesse de son ambition et de son orgueil, il avait repoussé résolûment le drapeau de la démagogie, et restait après tout dans le sein du gouvernement provisoire le défenseur des principes sociaux les plus menacés. M. de Lamartine était venu d'ailleurs au-devant de moi pour m'entretenir de la sûreté du roi et de ses intérêts; sa démarche spontanée témoignait de sa part des dispositions d'esprit trop intimement liées à celles qu'il devait apporter dans le gouvernement, — une ombre de remords peut-être, — pour que je ne raconte pas ici la scène si émouvante pour moi dont elle fut la source.

C'était le 1er mars; la nuit approchait. On m'annonce « M. de Champeaux; » le visiteur entre aussitôt enveloppé dans un manteau et le chapeau rabattu. C'était une entrée à la manière de M. de

Lamartine; c'était Lamartine lui-même. « Le roi est encore en France, me dit-il, vous devez connaître sa retraite, je viens vous la demander. Je suis autorisé par le gouvernement provisoire à faire cette démarche, et, si j'ai pris de graves précautions pour arriver jusqu'à vous, c'est pour ne pas exciter la curiosité du public et les émotions qui pourraient en naître. Dites-moi où est le roi, sous quel nom il se cache, et je pars pour aller le chercher, le conduire en Angleterre en lui remettant un million pour ses premiers besoins. »

M. de Lamartine raconte cette scène dans ses mémoires; mais ce qu'il ne pouvait raconter, c'est le mensonge pieux et cruel par lequel je lui répondis, c'est le drame qui se déroulait en moi à chacune de ses paroles. Je ne doutais pas de la loyauté de M. de Lamartine; mais qui pouvait me répondre de celle de tous ses collègues? Ne me demandait-on pas un baiser de Judas innocent pouvant conduire la victime royale au calvaire des insultes et des violences populaires? Et la dignité du roi déchu, que je pouvais faire descendre plus bas en prétendant le sauver! Et ce complément pour les calomniateurs d'un triomphe qui pesait déjà sur moi comme une honte! Et les chances encore possibles d'une réaction de la France contre la domination révolutionnaire de Paris! Toutes ces impressions d'affection, de dévoûment, de dignité, de patriotisme, se réunirent au fond de mon âme comme un faisceau lumineux qui ne permit pas à ma conscience de s'égarer, et c'est avec une force irrésistible qu'elle plaça sur mes lèvres à plusieurs reprises ces terribles mots : je ne sais pas... Mais qui peut dire mon supplice pendant les deux journées qui s'écoulèrent jusqu'à la nouvelle bénie du salut du roi et de la reine, conduits le 2 mars à bord d'un navire anglais par mon brave ami d'Houdetot? J'écrivis immédiatement à la reine pour lui faire connaître la responsabilité dont je n'avais pas hésité à me charger. « Je pouvais, lui disais-je, je pouvais peut-être abréger de vingt-quatre heures les souffrances du roi et les vôtres, la révolte de mes meilleurs sentimens ne l'a pas voulu; fidèle aux leçons du roi, j'ai préféré son honneur à sa sûreté. » Quelques jours après, je recevais cette précieuse absolution de mon cruel dévoûment : « vous vous êtes conduit en véritable ami. »

La démarche de M. de Lamartine établit entre lui et moi des relations assez fréquentes, qui me permirent de connaître plus tôt et mieux que le public les passions diverses qui s'agitaient dans le sein même du gouvernement provisoire autour de la question des biens de la famille d'Orléans. Quelques-uns de ses (membres faisaient la plus énergique résistance à toute idée de confiscation; deux ou trois seulement partageaient les passions de la démagogie. La partie intermédiaire, cédant à la peur, qu'elle décorait du nom de prudence, avait imaginé le système du séquestre absolu sur les biens meubles et immeubles de la famille d'Orléans, sans aucune exception, en écartant la question de principe. C'est ce système qui triompha dans le décret du 26 février (1) par la bonne raison qu'il n'était pas une solution. Les plus modérés cherchaient à le justifier en faisant remarquer qu'il était jusqu'à un certain point conservateur, grâce à la distinction formelle établie par la rédaction entre le domaine de l'état et les biens d'Orléans, en même temps qu'à l'ajournement de la question à une époque plus calme et moins soumise aux influences des passions du premier jour. Pour les plus violens, le système du séquestre restait suffisamment révolutionnaire par la réserve faite en faveur d'une résolution définitive de l'assemblée nationale *sur la destination* de ces biens. M. de Lamartine lui-même s'était rallié malgré mes efforts au système du séquestre absolu, de sorte que la lutte se réduisait, jusqu'à des temps meilleurs, à le rendre aussi inoffensif et aussi protecteur que possible; mais que de difficultés, que de luttes pour y parvenir, surtout dans les premiers momens (2)! Peu à peu cependant l'ordre succéda au désordre, grâce aux efforts de M. de Lamartine et de quelques-uns de ses collègues, aux miens peut-être, et surtout à ceux de M. Vavin, qui s'est honoré par son impartialité dans la liquidation de la liste civile et du domaine privé, dont il avait été chargé par un décret du 16 mars 1848.

Il nous sera facile d'achever l'examen des procédés du gouvernement provisoire dans la question des biens d'Orléans, en portant nos regards sur les dispositions principales dont ces biens ont été l'objet de sa part (3). Il n'en est pas une seule qui démente for-

(1) Décret du 26 février 1848. « Le gouvernement provisoire, considérant, etc., décrète : Article 1er. Tous les biens meubles et immeubles désignés sous le nom de biens de la liste civile feront retour au domaine de l'état.

« Art. 2. Les biens désignés sous le nom de biens du domaine privé, tant ceux de l'ex-roi que ceux des membres de l'ex-famille royale, meubles et immeubles, seront administrés, sous séquestre, sans préjudice des droits de l'état et des droits des tiers, auxquels il sera pourvu.

« Art. 3. Une commission sera nommée pour la liquidation de l'ancienne liste civile, et des délégués du gouvernement seront chargés de maintenir le séquestre mis sur les biens du domaine privé et sur les biens des membres de l'ex-famille royale, *jusqu'à ce que l'assemblée nationale ait statué sur la destination ultérieure de ces biens.* »

Par des motifs que je n'ai jamais bien connus, le décret du 26 février 1848 n'a paru au *Moniteur* et n'a été inséré au *Bulletin des Lois* que le 18 avril suivant.

(2) Voyez le livre de M. de Montalivet : *Le roi Louis-Philippe et la Liste civile*, pièces annexes, p. 391.

(3) 26 février 1848. Décret concernant les biens meubles et immeubles de l'ancienne liste civile et du domaine privé. — 9 mars 1848. Décret autorisant le ministre des finances à aliéner les diamans de la couronne et l'argenterie provenant des différentes résidences royales. — 9 mars 1848. Décret autorisant le ministre des

mellement l'espèce de neutralité, convenue et formulée par le décret du 26 février 1848, entre la reconnaissance de la propriété et la mainmise plus ou moins complète de l'état; mais elle n'est du moins rappelée dans aucune, et surtout la distinction entre les biens de la famille d'Orléans et ceux de l'état, aussi bien que la séparation absolue des comptabilités, y accentue de plus en plus le caractère de la propriété privée. Un jour cependant une grave confusion eut lieu qui me permit de constater une fois de plus la disposition personnelle de membres influens du gouvernement provisoire. Je venais de lire dans un journal que le ministre des finances avait envoyé l'argenterie du château de Neuilly à la Monnaie, conformément à un décret du 9 mars qui l'autorisait à « convertir immédiatement en monnaie au type de la république l'argenterie provenant des Tuileries, *du château de Neuilly* et des anciennes résidences de la liste civile. » Je me rendis immédiatement chez le ministre, qui me reçut sans me faire attendre un instant, au grand scandale de quelques-uns des solliciteurs qui encombraient son antichambre. « Je viens, lui dis-je, vous épargner, s'il en est temps encore, une violation du droit de propriété et un malheur pour les richesses d'art de la France. Le décret du 9 mars place le château de Neuilly parmi les résidences assignées à la royauté par la loi sur la liste civile de 1832; or Neuilly fait partie du domaine privé, — voilà pour le droit de propriété. Quant à l'argenterie, un souvenir que je tiens du roi Louis-Philippe la protégera auprès de vous. La convention a rendu un décret en 1793 pour excepter de la fonte cette argenterie dite de Penthièvre comme une des œuvres d'art qui font le plus d'honneur à l'industrie française. » A peine avais-je cessé de parler, que M. Garnier-Pagès envoyait l'ordre de respecter l'argenterie de Neuilly. Il était temps. « Croyez-le, me dit le ministre, nous ne voulons pas plus violer les droits de la propriété privée que dépouiller la France d'un de ses plus précieux trésors d'art. »

C'est ainsi que les principaux membres du gouvernement provisoire s'empressaient, quand l'occasion s'en présentait, de répudier toute idée de confiscation et de caractériser de plus en plus dans ce sens le décret du 26 février; nous pouvons conclure dès à présent de tout ce qui précède que le gouvernement provisoire de 1848, à sa naissance même, a répudié d'avance toute espèce de complicité avec l'odieux système des décrets du 22 janvier 1852.

---

finances à aliéner les biens de l'ancienne liste civile. (L'article 4 de ce décret concerne le domaine privé et le protége par une réserve expresse.) — 11 mars 1848. Arrêté qui ouvre un crédit extraordinaire pour les dépenses urgentes à la charge de l'ancien domaine privé. — 13 avril 1848. Arrêté relatif à l'administration des bois et forêts dépendant du domaine privé de l'ex-roi Louis-Philippe.

Cependant, si le séquestre absolu établi par le décret du 26 février devenait de plus en plus régulier, il n'en restait pas moins un grand danger pour le droit; ce danger était d'autant plus redoutable que la lutte politique dont j'avais pu entrevoir les premiers symptômes dans le sein du gouvernement provisoire à propos d'une question spéciale était passée dans l'assemblée en se généralisant, et menaçait d'en sortir pour devenir une affreuse guerre civile dont les horreurs ne devaient être dépassées que vingt-trois ans plus tard.

Qu'importaient à ce moment les discussions du droit ou les exigences d'un séquestre plus ou moins rigoureux? La question n'était plus dans la question : elle était tout entière dans le résultat de l'immense assaut que les passions de la démagogie livraient à la société, défendue par le loyal Cavaignac, par tant de généraux prêts à donner leur vie pour elle, et par une garde nationale sur laquelle n'avait pas encore passé le souffle énervant et corrupteur du second empire. La victoire de l'ordre devait être celle du droit; l'occasion était venue, il fallait la saisir. Elle ne tarda pas d'ailleurs à se présenter d'elle-même à la faveur d'une circonstance imprévue qui me permit de pénétrer tout naturellement jusque dans le cabinet du chef du pouvoir exécutif et de discuter par la suite, au sein même du gouvernement, toutes les questions relatives aux biens de la maison d'Orléans.

Le général Dumas, aide-de-camp du roi Louis-Philippe, étant venu à Paris pour régler quelques affaires, avait profité de ses relations avec le ministre de la guerre pour s'informer, vers les premiers jours du mois de juillet, des intentions du général Cavaignac au sujet des biens du roi et de la famille royale. Le général Dumas était bien posé pour prendre et obtenir ces informations. Officier d'Afrique comme le chef du pouvoir lui-même, glorieusement blessé au siége de Constantine, il avait plus d'un titre pour être favorablement accueilli. Cependant, s'étant mis en rapport avec le général Cavaignac, il eut à se plaindre de la réception qui lui était faite. L'entrevue fut brusquement interrompue sans que rien de sérieux eût été dit. Une étrange susceptibilité du général Cavaignac à propos de l'emploi fait par le général Dumas des mots « leurs majestés » en parlant du comte et de la comtesse de Neuilly rompit tout à coup l'entretien. La scène fut assez vive des deux côtés pour que le roi m'écrivît très peu de jours après une lettre où je lisais: « Le général Cavaignac a reçu de telle sorte la demande d'explications que Dumas venait lui porter de ma part, que je viens réclamer de votre dévoûment l'interruption de toute démarche auprès du général et de son gouvernement. Je préfère mille fois souffrir de la misère et renoncer à toute provision ou restitution plutôt que de les acheter au prix de ma dignité personnelle, que j'entends conserver intacte. »

J'avais à peine reçu cette lettre, que mon parti fut pris, et je répondis : « Les instructions de votre majesté seront exactement suivies. J'interromprai jusqu'à nouvel ordre toutes les démarches que j'avais commencées. Cela dit, vous me permettrez d'ajouter que j'ai été le camarade du général Cavaignac à l'École polytechnique, que nous nous y sommes liés d'une amitié qui, fondée sur une estime réciproque, a facilement résisté à la divergence de nos opinions politiques; que ce qui s'est passé avec le général Dumas est pour moi une occasion toute naturelle de lui donner une nouvelle preuve de cette estime et de cette affection en allant lui dire ce que je pense de ses procédés à propos des graves objets dont Dumas voulait l'entretenir. Je vais donc aller le voir, non pour lui parler des intérêts de votre majesté, mais pour l'entretenir de lui-même, de ce que je regarde en toute vérité comme étant de son devoir, de son honneur, de l'honneur même de son gouvernement. » En effet, sans attendre de réponse, je me rendis chez Cavaignac, et trois jours après je pouvais transmettre au roi des explications qui devaient me permettre non-seulement de reprendre mes négociations avec le liquidateur général de la liste civile et du domaine privé, mais de les porter jusque dans la sphère la plus élevée du gouvernement sous les auspices d'une vieille amitié que la forme assez originale de ma démarche avait heureusement rajeunie.

« Tu as raison, m'avait dit Cavaignac dès les premiers mots par lesquels je lui faisais connaître le motif qui m'amenait auprès de lui. J'ai eu tort de prendre si mal des expressions bien naturelles dans la bouche du général Dumas; mais que veux-tu, je suis le chef du gouvernement français, et je me suis imaginé que le général Dumas m'apportait des paroles de puissance à puissance. Et puis, quand il s'est blessé de ma vivacité, je me suis figuré qu'il me parlait le poing sur la hanche et la main appuyée sur le pommeau de son épée. Oublions donc ce qui s'est passé ce jour-là. La république que je veux, et que je sers avec toute l'énergie de mes convictions si bien connues de toi, est le terrain de l'honnêteté et du droit, ou elle n'est rien. Je suis donc sûr qu'en nous plaçant sur ce terrain commun à tous les honnêtes gens nous saurons bientôt trouver une solution qui, en donnant satisfaction au principe du droit que tu représentes, s'inspire, sur tous les points, de la prudence dont il est de mon devoir d'entourer cet acte. »

Les dernières paroles du chef du pouvoir exécutif contenaient en germe les trois dispositions principales du décret à intervenir, — reconnaissance explicite du droit de propriété, allocation d'une provision annuelle en faveur des propriétaires, séquestre provisoire pour tout le reste. Elles furent bientôt adoptées par un accord entre le général Cavaignac, son conseil des ministres et le comité des finances de l'assemblée nationale. Le roi exilé m'avait donné pour unique mandat de faire triompher avant tout le droit, et s'était tu sur le chiffre des provisions, qu'il abandonnait à la justice de l'assemblée. C'est dans cet esprit que je présentai mes observations sur la rédaction des divers articles du projet, qui fut bientôt arrêté.

Ce projet maintenait encore, malgré mes efforts, un séquestre rigoureux; cependant la plupart des articles reconnaissaient le principe de la propriété comme résidant sans contestation possible entre les mains des membres de la famille d'Orléans, et plaçaient l'entière liquidation des dettes de l'ancienne liste civile et du domaine privé sous la protection des règles du droit commun (art. 1er). Dans le cas où un emprunt serait jugé nécessaire, il ne pourrait être contracté sans le concours du liquidateur général nommé par le chef du pouvoir exécutif; mais il serait négocié par les mandataires des *propriétaires* (art. 3). Les biens du domaine privé et des princes resteraient sous la haute surveillance du ministre des finances avec le concours du liquidateur général, d'ailleurs ces biens devaient être administrés pour toutes les affaires courantes par les *mandataires* de la famille d'Orléans. Les biens dotaux, douaires, valeurs mobilières et objets personnels, seraient immédiatement restitués (art. 4 et 6). Enfin une provision sur les revenus serait fixée par le conseil des ministres pour chacun des *propriétaires* (art. 5 et 7).

Telles étaient les dispositions principales du décret projeté; toutefois la rédaction ne devait devenir définitive qu'après une dernière conférence, qui eut lieu à l'hôtel du général Cavaignac dans les premiers jours d'octobre. Les personnes présentes étaient le général, chef du pouvoir exécutif, M. Goudchaux, ministre des finances, M. Berryer, rapporteur du comité des finances, M. le procureur-général Dupin, qui devait tenir la plume de la rédaction, M. le président Laplagne-Barris et moi. Le projet ne donna lieu à aucune observation sérieuse jusqu'au moment où M. Laplagne-Barris, représentant des intérêts du duc d'Aumale et du prince de Joinville, fit remarquer que le projet ne contenait aucune disposition relative aux biens personnels des deux princes, et qu'il était aussi convenable que nécessaire de leur consacrer des dispositions spéciales. L'avis ne pouvait soulever aucune objection; M. Dupin se préparait à le formuler. Ici se place un épisode qu'on peut justement appeler une scène de caractère. Dupin était assis dans le fauteuil du général Cavaignac, la plume à la main. Adossé à la cheminée, je regardais Dupin, et le général se promenait de long et large, souffrant déjà du mal qui l'a enlevé avant l'âge à l'estime de la France, à l'affection de ses amis. Tout à coup Dupin hésite avec l'air du plus grand embarras. Hé! lui dis-je, écrivez donc

2

l'article des princes. — Vous en parlez à votre aise, réplique Dupin. Comment les appeler? — Parbleu! m'écriai-je, impatienté, demandez-le au général Cavaignac; il ne sera pas embarrassé comme vous, il sait bien comment ils s'appellent. » Alors Cavaignac, se retournant, lance à Dupin un regard que je n'oublierai jamais : « Comment! vous avez oublié leurs noms? Je les sais bien, moi; ils s'appellent *le duc* d'Aumale et *le prince* de Joinville, et, tout républicain que je suis, je ne les oublierai jamais! » Dupin baissa la tête et écrivit.

Quelques jours après, le décret fut soumis au vote de l'assemblée nationale sans le cortège des mots déprimans et fort peu académiques du langage officiel d'alors, tels que l'ex-roi, l'ex-famille royale (une ex-famille!), l'ex-duc, l'ex-prince. Au moment de la lecture de l'article contenant les deux titres, une rumeur parcourut les bancs de l'extrême gauche, mais se comprima presque aussitôt d'elle-même. Telle est, disons-le à l'honneur de la mémoire du général Cavaignac, telle est la puissance d'une pensée généreuse quand elle s'élève au-dessus des petitesses de la passion pour respecter ceux-là même dont elle reste, en politique, l'irréconciliable adversaire. Enfin, en se reportant à la scène intérieure que je viens de décrire, n'y trouve-t-on pas l'éclatante manifestation des deux caractères que l'histoire a déjà jugés, n'y reconnaît-on pas d'avance Cavaignac descendant noblement de son siège et Dupin remontant tristement sur le sien?

On le voit par ce qui précède, le génie de la confiscation, aidé de l'art des interprétations perfides, contenu d'abord par les efforts de plusieurs des membres du gouvernement provisoire, était définitivement vaincu dans les conseils de la république. Qu'allait-il se passer dans le grand conseil de la nation, dans le sein de l'assemblée nationale? La question y avait été soulevée directement dès le 5 juillet dans les conditions les plus propres à l'éclairer d'une vive lumière. Un député, M. Jules Favre, cédant à des préoccupations exclusives auxquelles il devait bientôt renoncer, hâtons-nous de le dire, par son abstention et son silence le jour de la discussion, avait déposé sur le bureau de l'assemblée une proposition qui avait pour objet de « déclarer acquis au domaine de l'état les biens composant le domaine privé de l'ex-roi Louis-Philippe. » Cette proposition avait été renvoyée par l'assemblée nationale à son comité des finances, qui appela M. Jules Favre dans son sein pour en exposer les motifs. On vit apparaître alors publiquement et pour la première fois cette doctrine de la dévolution du domaine privé à l'état au moment de la proclamation de la royauté de Louis-Philippe, dont les passions politiques n'avaient pas sérieusement jusque-là songé à se faire une arme de confiscation. Suivant M. Favre, la donation faite le 7 août par le duc d'Orléans à ses enfans devait être considérée comme nulle, non avenue et entachée de fraude, l'état se trouvant dépouillé par elle du bénéfice du droit domanial et monarchique qui devait entraîner la dévolution à l'état de tous les biens faisant partie de cet acte.

La gravité de la question avait intimidé quelques membres du comité, qui, dans la première séance, demandèrent l'ajournement de la proposition, craignant que les questions qu'elle soulevait ne rencontrassent trop d'esprits prévenus et trop de dispositions passionnées. Voici en quels termes, le 10 octobre 1848, M. Berryer, rapporteur, rendait compte à la tribune de l'incident et de la décision du comité de passer outre : « La majorité de votre comité a pensé que le devoir et le besoin d'être juste, que le respect du droit, imposeraient silence aux ressentimens et aux passions politiques, qu'enfin dans les premiers temps de la république, en présence de théories téméraires ou coupables qui inquiètent et menacent les droits fondamentaux de la société, il fallait saisir toute occasion solennelle de poser avec calme et fermeté les principes du gouvernement de la France et les règles de modération et de justice que l'assemblée constituante veut proclamer au nom de la nation. » Après ces sages et nobles paroles, le rapporteur expose à l'assemblée l'opinion du comité des finances, et repousse énergiquement en son nom les erreurs de droit et de fait sur lesquelles était fondée la proposition de dévolution du domaine privé au domaine de l'état. « Quand Louis XVIII monta sur le trône en vertu des lois antiques de la monarchie, le vieux droit domanial dut être aussi remis en vigueur; mais n'est-ce pas confondre et les temps,.et les principes, et les conséquences légales, que d'appliquer ces maximes de l'ancien régime français au gouvernement fondé en 1830? la chambre des députés, proclamant alors, au nom du peuple, des droits inaliénables, invoquant et la nécessité des circonstances et l'intérêt momentané de la nation, constitua sur ces bases une royauté nouvelle, soumise évidemment, par son principe même, à tous les changemens de la volonté nationale. » Ainsi était écartée de notre droit politique la règle de la dévolution nécessaire des biens personnels du prince à l'état et de leur union au domaine public.

M. Berryer expose ensuite comment la loi de 1832, se conformant en cela à la logique inexorable des faits, a consacré des principes contraires à ceux de l'ancien droit; puis il continue en ces termes : « Enfin la loi de 1832 n'existât-elle pas, la donation du 7 août n'en serait pas moins un contrat librement consenti à une époque où son auteur n'était enchaîné, quant à la disposition de ses biens, par aucun lien de notre droit public. Jusqu'au jour où il a accepté le pacte révocable qui s'est formé entre lui et la chambre des députés, le prince, comme propriétaire, n'était assujetti, ainsi que tous les citoyens français, qu'aux règles du droit commun. Il est monté au trône sous la foi de la validité de l'acte qu'il avait pu faire à son gré en faveur de ses enfans. Loin de rechercher dans les circonstances présentes une occasion d'annuler un tel acte, la justice, la bonne foi, la dignité nationale, doivent l'entourer d'un respect plus sévère. Désormais les donataires de la nue propriété des biens patrimoniaux de la maison d'Orléans n'en peuvent être dépossédés que par une violation manifeste du contrat; déclarer ces biens acquis à l'état, ce serait consacrer une atteinte violente au droit de propriété, ce serait prononcer une confiscation arbitraire. La confiscation est rayée de nos codes, elle ne doit plus y reparaître. Le principe de la confiscation est contraire aux règles fondamentales de notre législation. Confisquer, ce n'est point infliger une peine personnelle, c'est frapper la descendance d'un châtiment immérité. Rétablie sous le faux prétexte de la raison d'état et de l'intérêt politique, la confiscation ne sera pour l'ordre et la paix publique qu'une vaine et funeste ressource. Toute iniquité se trahit elle-même; le temps combat pour les droits violés, et l'expérience des révolutions nous doit enseigner qu'on ne saurait sauver ni le pouvoir ni la liberté par l'injustice. Qu'il s'agisse d'un monarque ou d'un simple particulier, que la spoliation atteigne des palais ou des chaumières, de modestes champs ou de vastes domaines, il n'importe; le mal est le même, et ce mal est contagieux. En nos jours plus qu'en aucun autre temps, l'envahissement de la propriété, l'oubli des droits, le mépris des contrats, seraient des exemples pleins de périls pour la sécurité de toutes les conditions sociales, et tout gouvernement doit être convaincu que sa dignité, sa force, son influence sur les intérêts de tous, seront jugées et mesurées dans l'esprit des peuples par le respect qu'il saura garder pour le droit, la justice et l'honnêteté publique. »

Lorsque, dans ces éloquentes paroles, M. Berryer exposait les divers motifs par lesquels le comité des finances avait rejeté la proposition de M. Jules Favre, lorsqu'il lui substituait, au nom du comité, un projet de décret qui était la reconnaissance explicite du droit de propriété nié par elle, il répondait si bien au sentiment de l'assemblée nationale, qu'il ne s'y éleva pas une seule voix pour le combattre. Arrêtons-nous ici un moment pour apprécier toute la portée historique et morale du vote par lequel l'assemblée nationale de 1848 repoussait unanimement la proposition qui lui était faite de considérer cette donation comme une fraude et de déclarer en conséquence acquis au domaine de l'état tous les biens dont elle avait disposé.

C'était bien là en principe la pensée tout entière des décrets à venir de Louis-Napoléon. La voilà mise en lumière devant une assemblée issue du suffrage universelle, où la science du droit est personnifiée par les jurisconsultes les plus éminens, où les passions politiques ont leurs représentans les plus ardens et les plus autorisés : — à gauche, une montagne de près de 200 membres, à droite les adversaires les plus irréconciliables de la monarchie de juillet, et dans plusieurs autres parties de la salle les partisans épars du césarisme futur, au milieu desquels siége Louis-Napoléon en personne. A la bonne heure! — aucun examen ne sera défaut, aucune critique ne sera épargnée, aucune velléité de la passion humaine ne sera réduite au silence. Le tribunal est l'assemblée nationale, c'est-à-dire la nation elle-même. Elle prononce son arrêt. Qui eût osé douter à ce moment que cet arrêt ne fût définitif? Louis-Napoléon lui-même sembla se soumettre de bonne grâce à cette manifestation de la conscience publique « en faveur du principe sacré de la propriété. » Élu président de la république, il s'empressa de s'associer par plusieurs actes à la reconnaissance du droit complet des héritiers de Louis-Philippe. Écoutons-le venant par l'organe de M. Fould déclarer, à l'occasion de la loi du 4 février 1850, que, dans l'esprit de la loi, la position exceptionnelle commandée par les exigences du moment avait un caractère essentiellement transitoire, qu'on pouvait prévoir dès lors l'époque prochaine du retour au droit commun; « il ne pouvait entrer, disait le ministre, dans la pensée équitable du président de la république de prolonger cette position exceptionnelle au-delà du terme rigoureusement nécessaire. » La commission de l'assemblée s'était bornée à proposer la levée du séquestre en ce qui concernait les biens particuliers de M. le prince de Joinville et de M. le duc d'Aumale. M. Fould, au nom du président de la république, demandait que la levée du séquestre fût étendue aux biens compris dans la donation du 7 août, et cette proposition fut adoptée. La même loi reconnaît encore le droit de propriété de la maison d'Orléans en autorisant les débiteurs et le liquidateur général à emprunter jusqu'à concurrence de 20 millions de francs pour achever la liquidation des dettes de l'ancienne liste civile, et à consentir inscription avec antériorité d'hypothèque sur l'état lui-même. En est-ce assez? Et, s'il en était autrement, combien faudrait-il de lois et d'actes du gouvernement pour que la reconnaissance d'un droit fût définitive?

Dans cette scène d'une lamentable comédie, que M. Fould avait certainement jouée en acteur de bonne foi, Louis-Napoléon ne se contentait pas de s'associer au respect du droit dont le décret du 25 octobre 1848 s'était manifestement inspiré : il demandait à l'assemblée nationale de briser à jour fixe les liens dans lesquels le séquestre étreignait encore le domaine privé; mais il en était de cette démonstration comme de ses protestations répétées de respect pour la constitution. Jusqu'au 1er décembre 1851, il a pour ces principes chers à toute société bien ordonnée les mêmes formules de respect et de dévoûment (1); puis, quand la conspiration est bien ourdie, le complot éclate, la liberté est confisquée le 2 décembre, et six semaines après la propriété est frappée. Nous expliquerons d'ailleurs plus tard par la bouche de M. de Morny comment la propriété n'a pas été atteinte le même jour.

Le sort des deux attentats fut bien différent. La France, emportée par le désir de réagir contre la surprise révolutionnaire du 24 février, affolée par les souvenirs de 1793, donna des millions de suffrages au faux Napoléon Ier, tandis qu'elle accueillit l'attentat contre la propriété avec une répulsion dont les preuves ne nous manqueront pas. Au reste, le témoignage anticipé de cette condamnation éclate dans les opinions, dans les discussions, dans le silence même ou l'impuissance des passions dont nous avons retracé le tableau. Un seul député s'est trouvé en qui Louis-Napoléon a pu se flatter un moment d'avoir un acolyte; mais, le jour de la discussion venu, M. Jules Favre a repoussé par son silence une complicité dont l'apparence ne pouvait tenir qu'à une erreur de jurisconsulte. On peut donc affirmer que de 1848 à 1852, comme de 1830 à 1848, l'auteur des décrets de confiscation des biens d'Orléans ne peut invoquer la connivence d'aucune des passions politiques qui se sont donné carrière pendant cette période révolutionnaire et profondément agitée : ces décrets lui appartiennent tout entiers.

III.

Après avoir étudié dans le passé, à la lumière des discussions publiques, le mouvement des passions ennemies de la royauté de juillet, nous avons constaté que l'idée des décrets de confiscation

(1) « Il me tarde de m'asseoir au milieu des représentans du peuple qui veulent organiser la république sur des bases larges et solides. » (*Lettre à M. Pyat*, juillet 1848.)

« La république démocratique sera l'objet de mon culte, j'en serai le prêtre. » (*Proclamation pour remercier les électeurs.*)

« Protéger la propriété, c'est garantir l'indépendance et la sécurité de la possession, fondemens indispensables de la liberté civile. » (15 octobre 1848.)

« Mon nom peut servir à l'affermissement et à la prospérité de la république. Que ceux qui m'accusent d'ambition connaissent peu mon cœur ! » (*Discours d l'assemblée*, 26 octobre 1848.)

« Mon concours est acquis d'avance à tout gouvernement protégeant efficacement la religion, la famille, la propriété. » (*Manifeste pour l'élection du président de la république.*)

« En présence de Dieu et devant le peuple français, représenté par l'assemblée nationale, je jure de rester fidèle à la république démocratique, une et indivisible, et de remplir tous les devoirs que m'impose la constitution. » (*Serment de Louis-Napoléon*, 20 décembre 1848.)

est entièrement personnelle à Louis-Napoléon. Nous ajouterons à notre démonstration certains faits moins connus qui témoignent de la réprobation presque unanime dont fut l'objet, même parmi ses amis les plus dévoués, la pensée de la violence préméditée contre les biens privés des héritiers de Louis-Philippe. Cette conspiration contre la propriété, complément du coup d'état, fut éventée dès les premiers jours par l'empressement qu'on mettait à l'accomplir. Le 3 décembre, le prince avait entretenu ses ministres du projet de placer sous le séquestre toute la fortune des princes d'Orléans; mais il trouva dans son conseil, et particulièrement chez M. de Morny, une résistance telle qu'il n'insista pas, et sembla même renoncer entièrement à son projet. « Combien, me dit un jour M. de Morny, combien je me reproche l'opposition que j'ai faite au séquestre le jour où le prince nous en a entretenus! Peut-être, hélas! suis-je ainsi la cause bien innocente du mal irrémédiable qui a bientôt succédé au moindre mal que j'avais réussi à empêcher. Peut-être le prince-président se serait-il contenté de ce séquestre; dans tous les cas, il n'aurait pas cherché d'autres conseillers trop disposés à seconder sa déplorable passion contre tout ce qui touche à la famille d'Orléans, et peut-être en aurions-nous triomphé avec le temps. » Le projet et l'échec du séquestre avaient plus ou moins transpiré dans l'intérieur de l'Élysée; ceux qui connaissaient le mieux Louis-Napoléon ne s'y trompèrent pas, et certaines rumeurs répandues dans le public le mieux informé prirent assez de consistance une quinzaine de jours avant les décrets pour motiver d'actives démarches destinées à les prévenir. Pour ne parler que de celles personnellement connues de moi dans tous leurs détails, je dirai que des princesses de la famille impériale, que MM. de Morny, Flahaut, Fould, firent les plus vives instances pour détourner le prince-président d'une mesure qu'ils considéraient comme un malheur pour lui plus que pour les princes qui seraient dépouillés. Le général Excelmans, entre autres, loyal représentant du vieux bonapartisme, se leva de son lit de souffrances malgré les médecins qui affirmaient qu'il y allait de sa vie, et vint supplier Louis-Napoléon de renoncer à tout acte violent envers les princes d'Orléans. Vains efforts! A chaque démarche faite auprès de lui, Louis-Napoléon écoutait patiemment, ne discutait pas, ne répondait rien; sa pensée silencieuse suivait son cours. Quelques jours plus tard, les décrets du 22 janvier 1852 avaient paru. Nous n'exagérons assurément rien pour tous ceux qui voudront bien se souvenir en affirmant que ces décrets furent accueillis par quelques-uns avec un étonnement douloureux, par le plus grand nombre avec indignation. Aussi peut-on dire que les princes d'Orléans ne faisaient que traduire le sentiment public en adressant aux exécuteurs testamentaires la lettre suivante, dans laquelle ils ne sentent qu'une douleur, la violation du droit et l'injure à la mémoire de leur père.

« Messieurs,

« Nous avons reçu la protestation que vous avez rédigée contre les décrets de confiscation rendus contre nous, et nous vous remercions bien sincèrement de vos efforts pour résister à l'injustice et à la violence. Nous avons trouvé tout simple que vous vous soyez occupés spécialement de droit sans faire ressortir ce que les considérans de ces décrets ont d'injurieux pour la mémoire du roi notre père. Un moment nous avons songé à sortir de cette réserve que l'exil nous impose et à repousser nous-mêmes les attaques si indignement dirigées contre le meilleur des pères; mais, en y pensant plus mûrement, il nous a paru qu'à de semblables imputations le silence du dédain était la meilleure réponse

« Nous ne nous abaisserons donc pas à relever ce que ces calomnies ont de plus particulièrement odieux à être reproduites par celui qui a pu deux fois apprécier la magnanimité du roi Louis-Philippe, et dont la famille n'a reçu de lui que des bienfaits. Nous laissons à l'opinion publique le soin de faire justice des paroles aussi bien que de l'acte qu'elles accompagnent. Nous sommes heureux de constater que ces honteux décrets et leurs considérans, plus honteux encore, n'ont osé se produire que sous l'état de siége et après la suppression de toutes les garanties protectrices des libertés de la nation. »

Le jour même du décret, trois ministres, MM. de Morny, Magne et Fould, donnèrent leur démission, qui fut acceptée; deux autres, les ministres de la guerre et de la marine, après avoir remis leurs portefeuilles au prince-président, ne les reprirent qu'à la condition de faire insérer dans *le Moniteur* une note communiquée, d'où il résultait qu'ils ne restaient à leur poste que comme le feraient des militaires sur l'ordre de leur général. Le lendemain, dix membres de la commission consultative, nommée quelques jours avant par le prince-président, avaient également donné leur démission. Bientôt après vint s'y joindre celle du représentant le plus éminent du droit parmi les magistrats chargés par le gouvernement lui-même de la mission de veiller au maintien et à la dignité de la loi, la démission du procureur-général à la cour de cassation, M. Dupin. Voici en quels termes le chef du parquet de la cour suprême fit connaître à Louis-Napoléon les motifs de sa résolution; on aime à voir dans ce grave document le rachat de bien des faiblesses. Plus cette lettre montre l'homme politique s'effaçant devant le jurisconsulte, plus la condamnation prononcée par le magistrat contre les décrets du 22 janvier 1852 leur imprime une flétrissure indélébile.

« M. Dupin au prince-président de la république.

« Prince, je regrette vivement qu'avant de rendre le décret que je viens de lire ce matin dans *le Moniteur*, vous n'ayez pas eu la pensée de m'entendre à ce sujet avec cette bienveillance que vous avez quelquefois mise à m'écouter. J'aurais essayé de vous prouver, non-seulement dans l'intérêt privé des enfans, la plupart mineurs, du feu roi, dont je suis l'un des exécuteurs testamentaires, mais aussi dans l'intérêt de votre propre gouvernement, que ceux qui vous ont suggéré cette mesure ne connaissaient pas les faits, et qu'ils ont méconnu toutes les règles du droit et de l'équité. En fait, il y a une exagération extrême elle est au moins de moitié) dans l'évaluation des biens de la famille d'Orléans. En droit, elle viole dans son essence le principe même de la propriété. Ce droit de propriété a été reconnu, après une discussion solennelle, dans la personne du feu roi, par les articles 22 et 23 de la loi du 2 mars 1832, et dans a personne de ses enfans par les actes mêmes de la révolution de évrier, par le décret de l'assemblée constituante du 25 octobre 1848, et par la loi de l'assemblée nationale du 4 évrier 1850, promulguée par votre gouvernement, et qui a autorisé l'emprunt de 20 millions hypothéqué sur ces biens et souscrit par votre ministre des finances. Ainsi droit public, testament, lois spéciales, contrat, tout a reconnu dans la main des princes d'Orléans la propriété des biens que le décret du 22 janvier courant lui enlève d'un trait et d'une manière si absolue, que le droit sacré des tombeaux, la sépulture de Dreux n'est pas même exceptée (1)!

« Si la constitution du 15 janvier était en vigueur, il y aurait lieu de réclamer auprès du sénat en vertu de l'article 26, qui permet à ce corps « de s'opposer à la promulgation des lois qui seraient contraires à l'inviolabilité de la propriété. » Dans l'état présent des choses, on ne peut réclamer qu'auprès de vous, prince, en invoquant la sagesse et l'élévation de vos propres sentimens, interrogés de nouveau et mieux écoutés. Si ces mesures rigoureuses doivent être maintenues, un grand scrupule s'élève au fond de ma conscience. Procureur-général à la cour de cassation depuis bientôt vingt-deux ans, principal organe de la loi près de cette juridiction suprême, chargé par le gouvernement de proclamer incessamment le respect du droit, de requérir la cassation ou l'annulation des actes qui violent les lois, et qui constituent des incompétences ou des excès de pouvoir, comment pourrais-je le faire désormais avec assurance, si l'on introduit dans la législation des actes qui seraient en contradiction avec les principes?

« Je crois donc devoir vous donner ma démission; mais ici, prince, je

(1) Une note insérée au *Moniteur* déclara, quelques jours plus tard, que les sépultures de Dreux et de Neuilly n'étaient pas comprises dans la réunion au domaine de l'état. Depuis cette époque, les deux chapelles ont été administrées et entretenues aux frais des héritiers du roi Louis-Philippe.

vous prie instamment de ne pas vous méprendre sur le caractère de mes motifs. Ma résolution n'emprunte rien à la politique... Au point de vue du droit civil et du droit privé, de l'équité naturelle et de toutes les notions chrétiennes du juste et de l'injuste que je nourris dans mon âme depuis plus de cinquante ans comme jurisconsulte et comme magistrat, j'éprouve le besoin de me démettre de mes fonctions de procureur-général. »

Pour peindre d'un dernier trait le sentiment de répulsion qui accueillit les décrets de confiscation des biens d'Orléans, remarquons qu'il n'a pas été encore possible d'en découvrir le rédacteur. Honteux de son œuvre, l'écrivain s'est caché avec un soin si parfait qu'on n'a même pu faire sur son nom que de simples conjectures. N'y voyons donc, pour être juste, qu'un seul nom, et examinons ces décrets en eux-mêmes. Nous nous efforcerons de rendre cet examen aussi rapide que possible; cependant nous ne devons négliger ni la mention des principaux considérans, ni le résumé des réponses qui leur ont été opposées dans des documens qui font corps en quelque sorte avec les décrets du 22 janvier : d'une part, la protestation des exécuteurs testamentaires du roi Louis-Philippe (1), à laquelle j'ai eu l'honneur de concourir, et de l'autre la consultation délibérée par MM. de Vatimesnil, Berryer, O. Barrot, Dufaure et Paillet.

Ce qui frappe tout d'abord, c'est l'hommage rendu au droit de propriété qui figure comme un frontispice en tête du décret, au moment même où son auteur va porter la main sur les biens d'une famille tout entière composée de huit branches (2). Ne nous étonnons pas, car c'est là un des procédés les plus habituels du second empire, qui n'a presque jamais invoqué avec plus de ferveur les principes et les institutions de la liberté qu'au moment où il s'apprêtait à les pervertir ou à les mutiler; ne nous étonnons donc pas, je le répète, de voir le premier considérant rendre hommage au droit de la propriété, et passons. Le deuxième et le troisième considérant ont pour but de démontrer qu'il y avait lieu d'appliquer à Louis-Philippe, acceptant la couronne le 9 août, « la règle immuable du droit public et de la monarchie, » d'après laquelle « les biens particuliers du prince qui parvient au trône et ceux qu'il avait pendant son règne, à quelque titre que ce soit, sont de plein droit et à l'instant même unis au domaine de la nation, l'effet de cette union étant perpétuel et irrévocable. »

(1) MM. Dupin, Laplagne-Barris, duc de Montmorency, Scribe, Montalivet.

(2) Ces huit branches se composaient en 1852 de trente-deux personnes, au nombre desquelles dix-huit mineurs, dont six héritiers directs. Parmi ces derniers se trouvent aux droits du duc d'Orléans, leur père, le comte de Paris et le duc de Chartres, héritiers chacun pour un seizième.

L'auteur du décret du 22 janvier insiste plusieurs fois sur ce qu'il appelle *la règle fondamentale de la monarchie, les droits permanens de l'état*, enfin *les règles immuables du droit public*. Nous résumerons tout à l'heure la réplique des exécuteurs testamentaires et des jurisconsultes; mais interrogeons d'abord l'histoire, voyons si elle confirme ces déclarations solennelles d'un droit public immuable : la réponse sera péremptoire sans qu'on soit obligé de remonter bien haut. Pour établir que le principe de la dévolution du domaine privé à l'état est applicable à Louis-Philippe, le dictateur du 2 décembre invoque les noms de Louis XVIII et de Charles X; il remonte même jusqu'à Henri IV. Le neveu du premier Napoléon oublie qu'outre ces divers règnes on peut en citer un autre qui ne passe pas pour avoir été étranger à la science des lois civiles et du droit public; c'était le règne d'un souverain ne relevant que de lui-même, parvenu au trône, non en vertu du droit légitime, mais par l'interruption même de ce droit, et portant, comme Louis-Philippe, le premier nom d'une dynastie nouvelle.

Que fit Napoléon I⁰ʳ des *règles immuables de la monarchie*, fondement unique des décrets du 22 janvier? Le sénatus-consulte du 30 janvier 1810 va nous l'apprendre par l'article 48 de son titre III. On y lit : « Les biens immeubles et droits incorporels du domaine privé de l'empereur ne seront, en aucun temps et sous aucun prétexte, réunis de plein droit au domaine de l'état; la réunion ne peut s'opérer que par un sénatus-consulte. » Ainsi à tous les témoignages du passé il faut ajouter celui de Napoléon I⁰ʳ, chef de dynastie comme Louis-Philippe. Ce souvenir était un obstacle; on fait taire l'histoire. La loi du 2 mars 1832, qui consacrait par le vote solennel des deux chambres le principe de la non-dévolution du domaine privé à l'état, était un autre obstacle : on fausse l'histoire dans un considérant qui dit que « la loi de 1832 a été dictée dans un intérêt privé par les entraînemens d'une politique de circonstance. » Quel était donc le ministre complaisant qu'on accusait ainsi de se prêter à une honteuse campagne parlementaire? Un des plus fermes, un des plus grands caractères de cette époque, Casimir Perier, un des hommes politiques qui se sont le moins préoccupés de plaire à la couronne ou à la foule. Quelles étaient ces chambres accusées de servilisme envers les intérêts privés de la royauté? C'était la chambre des pairs, patriotiquement résignée aux conséquences de la révolution de juillet, mais formée encore en grande majorité d'anciens pairs héréditaires et peu disposés dès lors à céder aux inspirations d'un dévoûment personnel à la monarchie de 1830; c'était la chambre des députés de 1832, devant qui n'avaient trouvé grâce ni les 18 millions de la liste civile proposés en 1830 par MM. Laffitte et Dupont (de l'Eure) et réduits par elle à 12, ni l'apanage foncier en faveur du prince royal, ni le règlement pendant la vie du roi des indemnités résultant en sa faveur des accroissemens faits à l'ancien apanage d'Orléans, — ni les dotations des princes et des princesses, qui, sur la proposition de M. Salverte, ne devaient être réglées que par des lois spéciales et seulement en cas d'insuffisance du domaine privé. Enfin, dans cette question ouverte pendant quatre mois et discutée pendant plus de trois semaines au sein des chambres, on trouve à chaque instant le contraire de ces entraînemens d'une politique de circonstance et de ces préoccupations des intérêts privés de la royauté de 1830, que l'un des considérans ose reprocher aux pouvoirs parlementaires de cette époque. Comment s'étonner dès lors que les considérans ne contiennent pas un mot sur le décret de l'assemblée de 1848, qui, réunissant tous les pouvoirs de la souveraineté, a consacré une seconde fois ce droit de propriété, déjà proclamé par le législateur de 1832? Apparemment on ne dira plus de cette seconde sanction parlementaire qu'elle est due aux *entraînemens d'une politique de circonstance*. Si en 1848 on avait suivi les entraînemens de la *politique de circonstance* au lieu de s'attacher à la justice, à la morale, au respect de la propriété et à la dignité nationale, avons-nous besoin de dire que ces *entraînemens* auraient été décisifs contre une famille dont le trône venait d'être renversé, et qui avait été exclue du sol de la patrie? C'était une assemblée républicaine qui statuait à l'égard d'une maison princière; mais cette assemblée s'éleva dans cette journée au-dessus des passions et des préjugés de parti, et ce sera pour elle un éternel honneur.

Écoutons enfin la voix des exécuteurs testamentaires et des jurisconsultes.

« Nous pourrions, dit la protestation, examiner historiquement le principe ancien de la dévolution à l'état des biens privés du prince qui montait sur le trône; nous pourrions montrer que dans l'ancien droit lui-même ce principe n'était considéré que comme une émanation de la féodalité, alors qu'il n'y avait pas de domaine de l'état distinct du domaine de la couronne; nous pourrions établir que l'empereur Napoléon l'a formellement repoussé; nous pourrions rappeler que le roi Charles X l'a écarté en fait au moyen d'une donation consentie en faveur de son fils puîné, frère du prince qui était alors son héritier présomptif. Mais ces considérations seraient ici surabondantes; une seule, d'une tout autre nature, domine la question. L'ancien droit monarchique ne saurait être sérieusement invoqué contre le prince qui recevait la couronne non pas conformément, mais contrairement à cet ancien droit.

« Le roi Louis-Philippe a occupé le trône après le roi Charles X; il n'a pas été son successeur et son héritier. Les lois de l'ancienne monarchie ne pouvaient s'appliquer à une monarchie nouvelle, à une constitution nouvelle, à une liste civile nouvelle, devant amener des conséquences nouvelles dans les lois comme dans le régime et dans l'avenir du pays. »

Il ne reste plus rien, après ce résumé, des motifs allégués par les trois premiers considérans en ce qui touche l'application du principe de la dévolution à l'état du domaine privé de la royauté créée en 1830. Toutefois l'auteur du décret du 22 janvier insiste dans les deux considérans suivans, où il expose que « la donation consentie le 7 août, le jour même où la royauté avait été déférée à Louis-Philippe, a eu uniquement pour but d'empêcher la réunion au domaine de l'état des biens considérables possédés par le prince appelé au trône, que le 7 août Louis-Philippe n'était plus une personne privée, et que dès lors il importe peu que l'acceptation de la couronne n'ait eu lieu que le 9 août. » Enfin l'auteur du décret, plus satisfait encore de flétrir que de dépouiller, ne craint pas d'articuler les mots de fraude et de soustraction. Ces considérans trouvent immédiatement une réfutation sans réplique dans le mémoire des jurisconsultes (1).

« En abandonnant à ses enfans, le 7 août 1830, leur patrimoine héréditaire, le prince ne faisait aucune fraude à une « loi qui ne lui était pas applicable. » En l'absence même de toute donation, le principe ancien de la dévolution des biens eût dû rester lettre morte, mais à plus forte raison quand telle avait été la condition sous laquelle le duc d'Orléans avait accepté la couronne en 1830. La donation du 7 août, inutile au point de vue d'un droit qui n'existait plus, ne constatait qu'une chose, la volonté bien arrêtée du prince qui allait dévouer sa vie au salut de la société en acceptant la couronne de maintenir la propriété de son domaine privé dans les mains de sa famille, et c'était assurément une condition qu'il avait le droit de stipuler le 7 août 1830. »

Quant à la confusion calculée des dates, le rédacteur du décret du 22 janvier affirme en vain que *par suite de son acceptation Louis-Philippe était roi dès le 7 août, et qu'à cette dernière date il n'était plus une personne privée.* Louis-Philippe ne pouvait, aux termes de la résolution du 7 août, devenir roi qu'en acceptant les *propositions* et *dispositions* qu'elle contenait. Or il n'a accepté que le 9, la royauté ne date donc que de ce jour-là, en sorte que, la donation étant consommée avant son avénement au trône, les biens compris dans cette donation n'auraient pas été atteints par la dévolution, même sous le régime de la monarchie traditionnelle. Aussi dans le procès-verbal de la séance du 9 août, à laquelle les pairs

(1) Mémoire de MM. Dufaure, Valmesnil, O. Barrot, Paillet et Berryer.

et les députés furent convoqués par *monseigneur Louis-Philippe d'Orléans, duc d'Orléans, lieutenant-général du royaume,* Louis-Philippe est constamment qualifié d'*altesse royale* jusqu'à la prestation du serment, après lequel seulement « *Louis-Philippe I*^{er}*, roi des Français,* est monté sur le trône. » Le moment où l'existence de la royauté a commencé et où la personne privée a disparu est donc parfaitement précisé.

Placés en face de tant d'erreurs de droit et de fait, destinées à justifier la confiscation par l'imputation d'une fraude honteuse, es savans jurisconsultes ne peuvent pas plus longtemps contenir leur indignation et s'écrient : « Eh quoi! la France, après avoir brisé cette royauté du vivant même de Louis-Philippe, retiendrait ces mêmes biens, sans respect pour sa propre dignité et pour l'esprit du pacte en vertu duquel ils lui auraient été transmis! Elle aurait détruit la cause de la réunion, et elle en conserverait le bénéfice! » D'ailleurs le droit et les faits se réunissent pour écarter sans retour les appréciations morales qu'on lit avec douleur dans le décret du 22 janvier. « L'acte du 7 août, dit le décret, aurait *soulevé la conscience publique!...* En se réservant l'usufruit des biens compris dans la donation, Louis-Philippe ne se dépouillait de rien, et voulait seulement assurer *à sa famille un patrimoine devenu celui de l'état. La fraude à une loi d'ordre public n'existe pas moins lorsqu'elle est concertée en vue d'un fait certain qui doit immédiatement se réaliser.* » La *fraude,* où est-elle? Comment pourrait-elle exister, puisque l'acte du 7 août n'était pas nécessaire pour empêcher la réunion, qui n'aurait eu lieu dans aucun cas?

Nous regrettons que le cadre de ce travail ne nous permette pas d'ajouter au résumé qu'on vient de lire les considérations lumineuses par lesquelles les éminens jurisconsultes démontrent que le décret constitue en réalité une confiscation, et, comme le dit énergiquement le mémoire, plus qu'une confiscation, « car la confiscation prend les choses dans l'état où elles sont, ses effets ne datent que du jour où elle a été prononcée, tandis que le décret du 22 janvier a un caractère déclaratif, au moyen duquel il étend son empire sur le passé, puisqu'il fait remonter au mois d'août 1830 la transmission à l'état de la propriété des biens du domaine privé, ce qui ébranlerait tous les actes faits dans l'intervalle. » Or quelles en sont ici les conséquences? « Ce n'est pas seulement à la propriété du chef de la famille qu'il porte atteinte, il renverse les pactes intervenus soit entre les membres divers de cette famille, soit avec des tiers. Des avantages en avancement d'hoirie ont eu lieu au profit de certains enfans du roi, des dots ont été constituées par huit contrats de mariage, des traités diplomatiques sont intervenus à cet égard avec huit puissances étrangères; plusieurs enfans du

roi sont décédés avant lui, ils sont eux-mêmes représentés par
des héritiers mineurs, les uns Français, les autres étrangers; une
partie des biens de la donation ont été vendus, les autres ont été
affectés à l'emprunt. Droits héréditaires, droits des princes étrangers, droits des mineurs, droits des tiers, le décret s'attaque à
tout, renverse tout. Il y a plus, en brisant le testament du roi, le décret fausse encore celui de M⁻ᵉ Adélaïde. Le roi et Madame avaient
en effet combiné leurs dispositions testamentaires en assurant da-
vantage dans l'une des successions à celui qui avait moins dans la
seconde. Les deux testamens s'harmonisaient ainsi pour réaliser la
pensée commune, l'égalité entre tous. »

On a donc eu raison de le dire, la confiscation dont le décret
du 22 janvier s'est rendu coupable est une confi-cation d'un ordre
exceptionnel. Toute personnelle à son auteur comme à ses victimes,
elle ne peut s'expliquer que par les préoccupations d'une haine
passionnée et inquiète de l'avenir, en même temps que par une
avance intéressée aux doctrines du socialisme, dont on recherchait
l'alliance. Qui pourrait en douter après l'aveu étrange contenu à la
fin du décret? « Considérant, dit-il, que, les droits de l'état ainsi
revendiqués, il reste encore à la famille d'Orléans plus de 100 millions, avec lesquels elle peut soutenir son rang à l'étranger (1). »

Au reste, la seconde partie du décret du 22 janvier complète et
consacre l'œuvre de socialisme dont l'aveu est échappé à ce considérant. En effet, après la confiscation vient le partage des dépouilles; on y appelle toutes les classes de la société. Les ouvriers,
auxquels *le Moniteur* a spécialement recommandé le décret (2),
figurent les premiers sur la liste avec la plus forte part : 20 millions; 10 millions sont affectés à la création d'institutions de crédit foncier, et 5 millions à une caisse de retraite au profit des des-
servans les plus pauvres : tel sera le lot de la bourgeoisie et du
clergé; les bénéfices de la spoliation pénétreront dans l'armée de
terre et de mer par la création d'une médaille militaire; enfin le
reste de la fortune sera réuni, malgré le contraste des mots, à la
dotation de la Légion d'honneur, chargée de faire leur part aux of-
ficiers, sous-officiers et soldats décorés. C'était une entreprise en
grand pour acheter la conscience publique, pour faire accepter les
étranges théories de droit, de morale, d'histoire, dont les considérans du décret du 22 janvier étaient les interprètes effrontés.
Nous pouvons le dire à l'honneur du pays, la tentative a échoué. Le

(1) On a vu par la lettre de M. Dupin combien ce chiffre était exagéré.

(2) Le 26 janvier 1852, on lisait la note suivante dans *le Moniteur* en tête des faits
Paris : « Les décrets ont été affichés de bonne heure dans tous les quartiers de Paris;
des groupes nombreux d'ouvriers se pressaient à l'entour et approuvaient généralement
la mesure prise. »

mépris de l'espèce humaine, manifesté par l'offre d'argent prélevé
sur le prix du champ d'autrui, révolta presque partout le sentiment
public. Aussi que de soins pour l'étouffer ou pour l'égarer, puisqu'on
ne pouvait pas le corrompre : silence imposé aux journaux et aux
écrivains qui veulent s'en faire les organes, encouragemens aux
folliculaires qui s'engagent à justifier le décret, refus de la censure
de laisser publier le respectueux appel fait à la justice et à la loyauté
du président de la république par les exécuteurs testamentaires du
roi Louis-Philippe, refus de l'impression de la lettre du procureur-
général près la cour de cassation, refus à deux reprises différentes
de la publication du mémoire à consulter de M. Bocher, mandataire
des princes d'Orléans, et de la consultation judiciaire de MM. Dufaure, Barrot, Paillet, Berryer et Vatimesnil.

Ces trois documens, si graves dans leur discussion, si modérés
dans la forme, si étrangers à la politique, avaient trouvé à Bruxelles
des imprimeurs et des éditeurs empressés à les publier. Ils y avaient
joint la protestation des fils en faveur de la mémoire de leur père,
et le rapport de M. Berryer à l'assemblée constituante sur la question de propriété. M. Bocher, après avoir épuisé en vain tous les
moyens d'arriver à la publicité légale, s'empressa du moins de recourir à la publicité très restreinte que pouvait permettre la distribution de quelques centaines d'exemplaires de la brochure impri-
mée à Bruxelles. Au moment où il commençait l'accomplissement
de ce devoir, la police le saisit, et le mandataire fidèle et courageux
qui voulait rendre la défense moins inégale et mieux faire connaître
la vérité fut condamné à un mois de prison après quinze jours de
détention préventive; mais, si les tribunaux, esclaves de la loi, se
croient obligés de sévir contre de simples contraventions, alors même
que les prévenus ont obéi aux sentimens les plus honorables, leur
justice ne sera pas défaut au droit de propriété se présentant à sa
barre pour plaider une cause qui est celle de tous les citoyens.

L'occasion s'offrit bientôt. Le 12 avril 1852, l'administration des
domaines s'était emparée des propriétés de Neuilly et de Monceaux. Les héritiers du roi Louis-Philippe l'assignèrent devant le
tribunal civil de la Seine pour faire reconnaître leur droit de propriété sur les biens dont leurs agens venaient d'être expulsés, et
pour se faire maintenir en possession. Cette assignation fut immédiatement suivie d'un déclinatoire de M. le préfet de la Seine
déclarant que « le tribunal ne pouvait demeurer saisi de la cause
sans contrevenir aux dispositions des lois qui défendent aux autorités judiciaires de connaître des actes d'administration et de gouvernement, sans violer le principe de la séparation des pouvoirs, et
concluant par suite à son incompétence. » C'est dans cette situa-
tion que l'affaire se présenta le 23 avril à l'audience du tribunal

civil de la Seine (1). Après les plaidoiries de MM. Paillet et Berryer, dont la savante discussion et les éloquentes protestations avaient excité dans l'auditoire une émotion inexprimable, le tribunal rendit le jugement suivant :

« Attendu que les membres de la famille d'Orléans procèdent comme propriétaires des domaines de Neuilly et de Monceaux, soit en vertu de la donation du 7 août 1830, soit en qualité d'héritiers de leur père et pour partie de la princesse Adélaïde, leur tante, soit en vertu d'une jouissance prolongée pendant vingt ans et pouvant fonder la prescription;

« Attendu que leur action a pour objet de fonder la propriété de ces deux domaines;

« Attendu que les tribunaux ordinaires sont exclusivement compétens pour statuer sur les questions de propriété, de validité de contrat, de prescriptions;

« Que ce principe a toujours été appliqué aussi bien à l'égard de l'état qu'à l'égard des particuliers;

« Qu'ainsi au tribunal seul il appartient d'apprécier les titres des parties et d'appliquer la loi aux faits qui donnent lieu au procès;

« Se déclare compétent, retient la cause, et, pour être statué au fond, continue à quinzaine, et condamne le préfet de la Seine aux dépens de l'incident. »

Ce jugement produisit dans toute la France une sensation profonde. Le droit regardait l'arbitraire en face, et la justice s'élevait à la hauteur des principes éternellement vrais qui étaient venus réclamer sa protection. Le droit d'appel et le recours en cassation restaient au gouvernement de Louis-Napoléon; mais il se garda bien d'en user, et se hâta de dessaisir les tribunaux de droit commun pour recourir, au moyen d'un conflit, à la juridiction exceptionnelle du conseil d'état; ces juges administratifs des questions soulevées par le décret du 22 janvier 1852 avaient tous été choisis le 25 janvier, trois jours après la confiscation, par l'auteur même du décret qui leur était déféré.

C'est dans sa séance du 15 juin 1852 que la section du contentieux fut appelée à statuer. Ce jour-là, M. Baroche vint la présider, et M. Maillard, son président habituel, prit rang parmi les simples membres du conseil. Le siége du ministère public était occupé par M. Maigne, maître des requêtes, commissaire du gouvernement,

(1) Le tribunal, présidé par M. de Belleyme, était composé en outre de MM. D'Her-belot, vice-président, Picot, Collette de Baudicour, Gallois, Sévestre et de Charnacé, juges, et de M. Petit, juge suppléant.

remplaçant M. Reverchon, qui avait noblement refusé de soutenir une cause que sa conscience condamnait, et qui n'hésita pas à faire à ses convictions le généreux sacrifice de sa carrière. Le rapport fut présenté par M. Cornudet, conseiller d'état. Les princes d'Orléans avaient pour avocats MM. Mathieu Bodet et Paul Fabre, qui réclamèrent l'annulation de l'arrêté de conflit dans des plaidoiries dignes de la cause confiée à leurs talens éprouvés. Vains efforts! le conseil d'état rendit le 19 juin un arrêt déclarant le décret du 22 janvier 1852 indiscutable par-devant la justice ordinaire à cause de la nature du pouvoir dictatorial d'où il procède, et annulant en conséquence, avec tous les actes de la procédure relatifs aux biens de la donation du 7 août 1830, le jugement du tribunal civil de la Seine du 25 avril 1852. Remarquons toutefois, à l'honneur de la section du contentieux, que sans la voix de M. Baroche, exceptionnellement venu pour la présider, le décret n'aurait pas eu la majorité : les votes s'étaient également partagés huit contre huit; or, en l'absence de M. Baroche, M. Maillard aurait présidé, et sa voix, contraire au décret, en eût entraîné le rejet. Le jugement plut, mais les juges déplurent; aussi les marques du mécontentement suprême ne se firent pas attendre. Le président Maillard, qui avait voté contre le décret, fut contraint de donner sa démission; M. Cornudet, rapporteur, dont les conclusions avaient été contraires, fut destitué. Nous avons dit déjà que M. Reverchon avait mérité d'avance cette noble disgrâce en refusant d'accepter les conclusions favorables qu'on voulait lui imposer.

Tous ces procédés d'un arbitraire sans limite comme la dictature qui l'exerçait, ces atteintes à la liberté individuelle, cette compression absolue de la presse sous toutes les formes, cette dépossession de la justice de droit commun, ces destitutions des juges amovibles du conseil d'état, condamnèrent le pays par la contrainte du silence aux semblans d'une sorte de respect pour le décret de confiscation. Cependant la passion du repos qui entraînait la France vers une réaction aveugle contre la liberté n'empêchait pas les révoltes secrètes d'une foule de consciences, et, si chez un trop grand nombre le courage n'allait pas jusqu'au blâme à haute voix, beaucoup du moins manifestaient la plus vive répugnance à prendre leur part de cette spoliation d'une « admirable famille où, suivant une expression célèbre, toutes les filles étaient chastes et tous les fils étaient vaillans (1). » Chaque jour apportait au gouvernement la manifestation de ce sentiment : tantôt c'était un évêque parlant

---

(1) Plaidoyer de M. Dufaure défendant M. de Montalembert devant la cour impériale, 21 décembre 1858.

au nom de ce clergé de France auquel on ne craignait pas d'offrir un argent mal acquis; tantôt c'était le grand-chancelier de la Légion d'honneur qui exprimait sa douleur au nom de cette armée dont on voulait enrichir les meilleurs soldats avec les dépouilles de ceux qui avaient été leurs compagnons d'armes. Dans les casernes comme dans les ateliers, même parmi ceux qui devaient profiter des décrets, on plaignait les spoliés et on exprimait pour le spoliateur un sentiment tout autre que celui de la reconnaissance.

Que pouvait faire le dictateur pour combattre ces répugnances dont l'éclat public pouvait devenir d'un moment à l'autre la condamnation sans appel d'un des actes qui lui étaient le plus chers? Expliquer, discuter, invoquer de nouveau les faits et le droit? Impossible; c'était perdre encore plus sûrement tout le fruit du décret sur lequel, partout à ce moment, il n'y avait plus qu'une seule opinion. Les résistances de la conscience publique avaient-elles du moins éveillé des doutes, des scrupules, chez l'auteur du décret de spoliation? Nullement, la seule conclusion qu'il en tira, c'est qu'il s'y était mal pris; — une lutte contre ces résistances serait impossible ou dangereuse, il va se borner à les éluder. C'est de cette nécessité reconnue par le prince-président qu'est né le singulier décret du 27 mars 1852, qui n'a pas été assez remarqué; il complète en effet l'histoire particulière de la confiscation des biens d'Orléans, en même temps qu'il rentre par son caractère dans l'histoire générale de la politique et de la morale du second empire. Ce décret commence par viser celui du 22 janvier, et rappelle que les biens confisqués doivent être vendus jusqu'à concurrence de 35 millions, pour le produit en être distribué entre des institutions ecclésiastiques, ouvrières et militaires, le reste des biens étant attribué à la dotation de la Légion d'honneur; puis on y lit tout à coup avec surprise que ces dotations ne seront plus prélevées sur les biens d'Orléans, mais sur le produit de la vente des bois de l'état dont l'aliénation avait été autorisée en 1850, et qui, vu leur nature et leur position, seront plus tôt et mieux vendus. Le nouveau décret déclare en outre que la grande-chancellerie de la Légion d'honneur étant impropre à l'administration de propriétés foncières, il y a lieu de revenir sur la disposition du décret de 1852 qui ajoutait à la dotation la partie non vendue des biens d'Orléans. En conséquence, le ministre des finances vendra jusqu'à concurrence de 35 millions les bois de l'état désignés par la loi de 1850 (art. 1er), et on affectera le produit aux dotations allouées par le décret du 22 janvier (art. 2); enfin il inscrira au grand-livre de la dette publique une rente de 500,000 francs en remplacement des biens qui avaient été attribués à la Légion d'honneur par le décret précité (art. 3). Un

dernier article maintient d'ailleurs d'une manière générale la prescription de la vente des biens réunis au domaine de l'état par le
décret du 22 janvier, et cette fois sans en rien excepter. Le détour
est trouvé, l'acquiescement aux dotations dont l'origine répugnait
entrera par la porte dérobée du nouveau décret dans la conscience
des donataires. On connaît d'avance le langage qu'on leur tiendra
désormais. « Vous résistiez à la pensée de subventions dont vous
ne compreniez pas bien l'origine toute légale; par des considérations de bonne administration, nous avons renoncé à les prélever
sur les biens qui ont fait récemment retour à l'état. C'est maintenant à des bois de l'état dont la vente a été autorisée il y a deux
ans, en 1850, que nous demanderons le capital nécessaire à la
constitution des dotations promises. Le trouble inconsidéré qui s'é-
tait emparé de votre esprit doit donc disparaître avec la cause qui
l'avait provoqué. » C'est ainsi que fut éludée l'une des difficultés
qu'avait suscitées le décret du 22 janvier. Après la violence, la
ruse. Ce mauvais pas une fois passé, les biens d'Orléans furent
vendus à leur tour, et plus tard, après que ce trop faible orage
d'une morale importune eut été calmé, le décret de confiscation
reparut avec ses ventes et son cortége de dotations, excepté l'attri-
bution du reste de la fortune foncière à la Légion d'honneur, dont
il ne fut plus question.

Cependant le décret du 22 janvier avait à subir une dernière
épreuve qui ne pouvait être évitée. La transformation d'une partie
des biens d'Orléans en capitaux s'accomplissait par la voie administrative au moyen des ventes opérées par le domaine de l'état
sans le concours du corps législatif. Il ne pouvait en être de même
pour les revenus de la partie non aliénée de ces biens, qu'il fallait
finir par inscrire au budget. Il est vrai que, fidèle à la marche cauteleuse dont le décret du 27 mars avait été le premier pas, on avait
attendu jusqu'au projet de budget de 1854, en ayant soin de faire
figurer ces nouvelles recettes, sans aucune désignation spéciale,
dans la masse des recettes de même nature. La conscience du plus
éloquent, du plus libéral des orateurs de la chambre sut bientôt
les y découvrir. Le discours prononcé par M. de Montalembert dans
la séance du 20 mai 1853 se lie si intimement à cette étude, que
notre œuvre ne serait point complète, si nous n'en transcrivions
les principaux passages. Ce discours se détache d'ailleurs sur le
fond de l'histoire parlementaire par une singulière destinée. Mutilé
par les rédacteurs du compte rendu officiel, il a figuré au *Moniteur*
sous cette forme bizarre et inanimée que le gouvernement absolu
avait imposée comme un châtiment à l'éloquence politique. Les paroles de l'orateur, l'émotion sympathique de l'assemblée, les inter-

ruptions du président, M. Billault, toute la scène parlementaire a complétement disparu, et la France ne l'eût jamais connue sans le secours des presses de Bruxelles. Écoutons maintenant M. de Montalembert :

« Je repousse le budget parce qu'il renferme la sanction implicite du sénatus-consulte qui nous a dépouillés de tout contrôle sérieux sur les finances du pays, et celle des décrets du 22 janvier qui ont dépouillé la maison d'Orléans de son antique et légitime patrimoine. Je vote contre le budget de 1854 par deux raisons : parce que la lumière en est sortie, et parce que la confiscation y est entrée. Mais il y a de plus dans ce budget une question de conscience et de probité qui m'inspire des scrupules bien autrement profonds. Dans une assemblée de Français et d'honnêtes gens, ces scrupules ne demeureront pas sans écho, ou du moins ils rencontreront le silence du respect. L'an dernier, j'ai constaté devant vous que le budget de 1853 ne renfermait aucune sanction directe ni indirecte des décrets du 22 janvier, de ces décrets qui ont confisqué le patrimoine...

« M. BILLAULT. — On ne peut pas discuter les lois.

« M. DE MONTALEMBERT. — Monsieur le président, j'en appelle à votre délicatesse, à votre bonne renommée, à tout votre passé ! vous ne voudrez pas, vous ne pouvez pas m'interrompre, et voici pourquoi. Quand le roi Louis-Philippe était sur son trône, quand nous vivions tous deux, vous et moi, à l'ombre de cette charte qu'il avait jurée et qu'il a si fidèlement gardée, vous étiez l'avocat de son fils le duc d'Aumale. Comment pourriez-vous aujourd'hui me fermer la bouche, à moi, l'avocat désintéressé du roi mort et du prince exilé ?

« Je continue donc. On veut nous associer à la responsabilité d'un acte qui a porté au principe de la propriété, de la propriété privée, entendez-le bien, la plus grave atteinte qu'elle ait reçue au xix⁰ siècle, et cela sans provocation aucune, sans aucun des prétextes que pouvaient fournir, il y a soixante ans, les haines révolutionnaires et les passions de la foule. On vous demande de consacrer par votre vote le rétablissement de la confiscation, et de la confiscation sous sa forme la plus odieuse, exercée non pas à titre de pénalité et par arrêt de justice, mais par un simple acte de dictature se substituant aux lois et aux tribunaux pour juger les questions de propriété entre le tien et le mien.

« N'oubliez pas d'ailleurs les considérans de l'acte, surtout celui où l'on pose en principe qu'après avoir été dépouillés de tout ce que l'on a jugé à propos de leur prendre, il restera encore aux princes de la famille d'Orléans de quoi soutenir leur rang à l'étranger, ce qui reproduit littéralement la doctrine socialiste que nous avons tant de fois entendue dans nos campagnes, et d'après laquelle, quand on aurait enlevé à M. de Montalembert ou à tout autre propriétaire la moitié ou les deux tiers de son bien, il lui en resterait encore plus qu'à une foule de braves gens qui valent mieux que lui.

« N'oubliez pas cet autre considérant où l'on essaie de flétrir par l'imputation de fraude la mémoire et la probité d'un roi dont l'empereur Napoléon III avait naguère, dans une lettre publique à M. Odilon Barrot, proclamé la clémence et la générosité envers lui-même, d'un roi qui plus d'une fois a fait reculer la politique devant la justice, et qui, d'après les comptes incontestés de M. de Montalivet, son intendant-général, a fait bénéficier l'état de 42 millions sur la liste civile qu'il a touchée pendant son règne.

« N'oubliez pas enfin, messieurs, quelle est la première origine de toutes ces attaques au patrimoine d'Orléans. Cette origine, vous l'avez tous en horreur; cette origine, c'est l'émeute, c'est la horde de vandales, de barbares et d'incendiaires qui s'est précipitée sur Neuilly en février 1848, et qui, en pillant et brûlant, a inauguré cette soi-disant restitution à l'état que le budget actuel doit consommer.

« Messieurs, voter le budget qui contient des sommes d'une pareille source, c'est, selon moi, accepter la solidarité, la responsabilité de la spoliation. Pour moi, loin de l'accepter, je la répudie devant Dieu, devant le pays et devant l'avenir. C'est pourquoi je voterai contre le budget.

« Je m'arrête là. Je place ce peu de paroles sous la protection de trois grandes autorités, des trois noms les plus illustres peut-être de notre histoire moderne. Écoutez Napoléon parlant à son conseil d'état le 18 novembre 1809 : « La propriété, c'est son inviolabilité dans la personne de celui qui possède... Moi-même, avec les nombreuses armées qui sont à ma disposition, je ne pourrais m'emparer d'un champ, car *violer le droit de propriété dans un seul, c'est le violer dans tous.* » Ainsi parlait le vainqueur du monde avant que ses fautes et ses folies ne l'eussent précipité dans l'abîme. Écoutez ensuite Bossuet écrivant sous la monarchie absolue de Louis XIV : « Il y a des lois dans les empires contre lesquelles tout ce qui est fait est nul de droit, et il y a toujours ouverture à revenir contre dans d'autres occasions ou d'autres temps... *L'action contre la violence et l'iniquité est immortelle...* » Écoutez enfin Fénelon écrivant à Louis XIV ce qui suit : « Ne dites pas que ces mesures étaient nécessaires. *Le bien d'autrui n'est jamais nécessaire; ce qui est véritablement nécessaire, c'est d'observer une égale justice.* »

« Messieurs, je souhaite que ces grandes voix, que ces grandes vérités éternellement vraies ébranlent et éclairent vos consciences, comme elles ont éclairé et affermi la mienne. »

IV.

On peut dire, après le discours de M. de Montalembert, que le décret du 22 janvier 1852 est définitivement jugé. Le grand orateur a prononcé l'arrêt sans appel dont nous avons rédigé les considérans.

Combien serait à plaindre tout homme qui, en lisant cet admirable anathème contre l'arbitraire, la violence et la ruse, ne se sentirait pas ému, convaincu jusqu'au fond de l'âme; mais combien serait plus à plaindre encore tout citoyen qui ne se sentirait pas saisi d'une amère tristesse en songeant que de telles choses ont été possibles dans son pays, et que les coupables pratiques qui en assuraient le succès n'ont rencontré dans les consciences affaiblies que la réprobation du silence! Au corps législatif, quand M. de Montalembert faisait entendre ces paroles si justement sévères, un murmure approbateur courait sur presque tous les bancs, et au moment où il s'écriait en finissant : « Je souhaite que ces grandes vérités éternellement vraies ébranlent et éclairent vos consciences, comme elles ont éclairé et affermi la mienne, » l'assemblée presque entière répondit, comme malgré elle, à cet appel par son émotion et son assentiment. Le fond des consciences remontait à la surface au souffle puissant d'une parole honnête; mais le lendemain, quand un ordre d'en haut retranche audacieusement du compte-rendu de l'assemblée les paroles, le nom même de l'orateur, que M. Billault n'avait pu faire taire malgré tous ses efforts, aucune réclamation ne se fait entendre, la liberté de la parole ne trouve pas un seul avocat, et la vente des propriétés pas un contradicteur. On gémit, mais on vote.

Quelques esprits moins faciles font parvenir leurs doléances aux membres du corps législatif. — Que voulez-vous? répondent-ils, nous sommes les représentans du peuple; or le peuple veut le repos à tout prix, il entend se livrer tout entier aux soins de ses intérêts matériels, compromis par les agitations de la liberté; on lui a dit qu'il devait au système parlementaire les révolutions dont il a souffert, et il le croit. D'ailleurs ne l'avez-vous pas livré vous-mêmes aux séductions de la légende napoléonienne que vous avez fait pénétrer partout par vos chansons, par vos écrits, par vos monumens, par l'espèce de culte officiel dont vous l'avez entourée?—Aveugles qu'ils étaient, ils ne voyaient pas que ce repos acheté si cher n'était qu'à la surface, et qu'ils ne faisaient que préparer les désordres de l'avenir en matérialisant les passions humaines au lieu de leur donner un généreux essor! Ils ne comprenaient pas que plus tard ce matérialisme se retournerait contre eux, et qu'en même temps, par la force des choses, le régime impérial deviendrait de plus en plus le gouvernement des appétits excités ou satisfaits et des spéculations téméraires. Ils ne prévoyaient pas enfin que Napoléon III tomberait moins peut-être sous le poids des fautes que lui imposait fatalement sa légende que par l'absence d'un contrôle indépendant

et de dévoûmens prêts à déplaire. Cependant l'expérience est venue;
que de regrets alors pour le silence, pour les examens superficiels,
pour les complaisances faciles! Jusqu'au moment où le système
parlementaire a repris quelque vie sous la salutaire influence de
M. Thiers et d'une opposition libérale, cette absence de toute inves-
tigation sérieuse, de toute discussion approfondie, ne permettait
même plus aux faits de se graver dans la mémoire de ceux qui en
étaient les témoins, à tel point qu'on a entendu, il y a deux mois,
un honorable membre de l'assemblée nationale, ancien député au
corps législatif de 1852 à 1870, faire avec une bonne foi qui n'est
suspectée par personne la déclaration suivante au sujet des biens
atteints par le décret de 1852 : « Jamais on n'a parlé au corps législatif de l'empire, ni du produit de ces ventes, ni du produit de
ces revenus... On peut être complétement rassuré, on n'a pas employé un centime, parce que le corps législatif s'est constamment
opposé (1)... » Et cependant que nous apprennent *le Moniteur* et
les comptes-rendus des séances du corps législatif malgré les nombreuses mutilations de la censure officielle? En ce qui concerne les
aliénations, M. de Flavigny fait entendre à ses collègues et aux com-
missaires du gouvernement les doléances que lui inspire la vente
des domaines de Neuilly et de Monceaux, annoncée comme devant
procurer à l'état une recette de 1,800,000 francs (2). En ce qui
concerne l'insertion des revenus des propriétés patrimoniales de la
famille d'Orléans au budget des recettes de l'état, nous venons de
lire la protestation qu'a fait entendre le comte de Montalembert en
rappelant qu'il avait déjà signalé au corps législatif cette déplorable
confusion. Enfin plusieurs membres du corps législatif (3) avaient
proposé des amendemens ayant pour objet de distraire les revenus
des biens d'Orléans du budget des recettes du trésor public. Or depuis l'insuccès de ces nobles efforts, paralysés par une force d'iner-
tie qui leur opposait comme un obstacle insurmontable, les revenus
des biens d'Orléans ont figuré dans les recettes du budget pendant
toute la durée des législatures impériales.

Rapprochez ces faits, qu'il est impossible de contester, des sou-

(1) Séance du 15 septembre 1871. — *Journal officiel* du 16 septembre 1871.

(2) Voici dans quels termes le compte-rendu de la séance du 18 mai 1853 mentionne
l'observation de M. de Flavigny : « A l'égard des 1,800,000 fr. que doit procurer au
domaine la vente de Neuilly et de Monceaux, l'orateur se plaît à espérer que le gouvernement, au moment où il intervient si généreusement auprès des puissances étrangères pour obtenir l'atténuation de mesures analogues, comprendra la nécessité de
fortifier ses exhortations par son propre exemple. » — M. Baroche, président du conseil
d'état, ne prit pas la peine de répondre à M. de Flavigny, et le 20 mai il n'opposa aux
objurgations de M. de Montalembert que l'affirmation du principe dictatorial en vertu
duquel les décrets avaient été rendus.

(3) Entre autres MM. Demesmay et de Lespérut.

venirs d'un des plus anciens membres des assemblées impériales,
dont on se plaît à reconnaître le cœur droit et l'esprit distingué.
Rapprochez-les, et vous y reconnaîtrez les traces douloureuses de
cette fatale maladie qu'on appelle l'abstention politique. Que de
mal elle fait aujourd'hui à la société, qui se voit abandonnée, à
Lyon, à Marseille et sur une foule d'autres points, par des milliers
de conservateurs abdiquant leur mission de citoyens! Que de mal
elle fit alors à l'ordre moral, le seul vraiment durable, le seul vraiment digne du culte des âmes élevées! Cette déplorable abstention,
pratiquée par ceux-là mêmes qui, dans les pouvoirs publics, ré-
prouvaient une politique sans principes, ne saurait décliner sa part
de responsabilité dans le succès momentané de cette politique et
dans les cruelles conséquences qu'elle devait entraîner. C'est grâce
à elle que l'auteur du décret de confiscation de 1852 put accomplir,
malgré le sentiment public, son entreprise antisociale contre le
droit de propriété, qu'il sacrifiait à son animosité dynastique et personnelle contre la famille d'Orléans. C'est elle encore qui l'encou-
rageait à compléter son œuvre de haine par des persécutions où se
manifestait à chaque moment le véritable esprit du décret de prétendue revendication de 1852. Ainsi l'empereur opposa une résistance invincible à l'exécution d'une touchante et charitable pensée
du testament de la sœur du roi. La princesse avait légué à ses ne-
veux et nièces un hospice qu'elle avait fondé au faubourg Saint-An-
toine, sous le nom d'hospice d'Enghien, avec la recommandation
d'en faire un établissement public, sous la réserve qu'ils en resteraient les administrateurs et qu'ils nommeraient aux lits vacans.
Les princes héritiers, qui malgré la spoliation de 1852 avaient con-
tinué à entretenir l'hospice sans y rien changer, voulurent faire da-
vantage : ils eurent la noble pensée de consacrer une partie du
reste de leur fortune à l'exécution complète de la volonté de leur
tante vénérée. Le mandataire des princes s'entendit d'abord sur
tous les points avec l'administration de l'assistance publique, heu-
reuse de voir admettre au nombre des établissemens reconnus par
l'état un hospice admirablement situé, au milieu d'une population
pauvre, et largement doté. Quand la négociation, qui avait été si facile dans la région de la charité, fut portée dans celles de la politique, elle devint pénible, pleine de difficultés, bientôt impossible.
On acceptait l'établissement et, bien entendu, la dotation, mais à
la condition qu'aucun lit ne resterait à la nomination des princes
d'Orléans. Cette condition était inacceptable, elle fut refusée. Le
gouvernement songea un instant à prendre l'offensive et à annexer
l'hospice d'Enghien aux établissemens de l'état; mais l'énormité de
cette confiscation, s'adressant cette fois à une pensée, à une œuvre
de charité, le fit hésiter. Grâce à des intelligences avec l'administra-

tion de l'assistance publique elle-même, on gagna du temps, les destinées de l'empire s'accomplirent, et le mal se réduisit à priver un des faubourgs de Paris d'une précieuse fondation. Le testament de Mme Adélaïde n'eut pas son exécution complète, mais il ne fut pas brisé, et les princes maintinrent l'hospice d'Enghien dans les conditions où ils l'avaient reçu.

Dans le même temps, l'empereur fit présenter au corps législatif un projet de loi qui n'offre qu'une contradiction apparente avec ce qui précède, et qui porte une fois de plus la lumière sur la moralité de l'attentat du 22 janvier. Ce projet démontre en effet que le jurisconsulte de 1852 ne se faisait aucune illusion sur la valeur légale des considérans de son décret, que la pensée spoliatrice qui les avait dictés visait uniquement les princes d'Orléans, et n'y faisait figurer que pour la forme les branches étrangères héritières du roi Louis-Philippe. Ce projet de loi avait pour objet l'inscription au grand-livre de la dette publique de trois rentes de 200,000 francs chacune au nom des trois branches belge et allemandes, pour leur tenir lieu de la portion qui leur avait été constituée en dot dans les biens faisant partie de la donation du 7 août. Était-ce une ombre de remords? Qui pourrait le croire après ce qui avait précédé et ce qui a suivi? Non, on voulait avant tout éteindre des réclamations qui pouvaient, d'un moment à l'autre, donner lieu à des difficultés diplomatiques. Et puis, qui sait? ne pouvait-on faire naître ainsi quelques dissentimens dans une famille dont l'union portait ombrage? Encore une petite conspiration! Celle-là du moins n'eut aucun succès, et la différence des situations n'apporta aucun trouble dans les sentimens. J'avais été chargé par les princes d'Orléans de remettre au président du corps législatif une protestation contre le mot de *bienveillance* employé dans l'exposé des motifs, qui reproduisait implicitement l'injure faite à la mémoire de leur père par le décret du 22 janvier. Cette remise fut pour moi l'occasion d'une longue conversation avec M. de Morny, tout empreinte de la cordialité de nos anciennes relations; elle m'a permis d'entrevoir par plus d'une ouverture le caractère, les procédés et même certains projets de Napoléon III, notamment sur la Belgique; mais ce n'est pas ici la place de souvenirs que l'on connaîtra un jour, et je me bornerai à rappeler les paroles suivantes, qui avaient le rapport le plus direct avec l'objet de ma visite : « Que voulez-vous? me dit-il, les princes d'Orléans empêchent l'empereur de dormir, et je m'étonne que vous ayez cru le décret de 1852 fait pour d'autres que pour eux. »

Presque au même moment M. le comte de Montalembert, représentant du département du Doubs, où il était forcément retenu, avait envoyé par écrit au président du corps législatif les observations critiques que le projet de loi lui avait suggérées sur les dots. La protestation des princes et la lettre de M. de Montalembert ne font que reproduire, pour le fond, les protestations et les raisonnemens déjà connus. Qu'il nous soit du moins permis d'en extraire des passages. Écoutons d'abord les princes d'Orléans :

« En 1852, une politique accoutumée à regarder l'argent comme un instrument de révolution a voulu prendre ses sûretés contre nous en confisquant le patrimoine de notre famille. »

Comment caractériser en termes plus nets le motif de la confiscation et l'espèce de politique qui l'avait inspirée? De son côté, M. de Montalembert signalait, en l'analysant de la manière la plus piquante, la confusion des principes dont le projet de loi de 1856 était le témoignage et l'aveu implicite qu'il renfermait de l'absence de tout droit dans le décret du 22 janvier 1852 :

« Un ancien adage du droit nous dit : *donner et retenir ne vaut;* il faut dire également : *prendre et donner ne vaut.* Si on a eu le droit de prendre, on n'a plus celui de donner; de deux choses l'une, ou bien c'est conformément à l'ancien droit public de la France, comme dit l'exposé, que l'on a fait rentrer dans le domaine de l'état le patrimoine de la maison d'Orléans, et alors de quel droit vient-on aujourd'hui en dépouiller partiellement l'état? Ou bien cet ancien droit public n'était pas applicable à la royauté créée par la charte de 1830, et alors pourquoi n'y déroge-t-on aujourd'hui qu'en partie et au profit des femmes seulement? Si les biens dont le duc d'Orléans, avant de monter sur le trône, a fait donation à ses enfans n'appartiennent pas à ceux-ci, pourquoi leur faire une gratification aux frais des contribuables? mais, s'ils leur appartiennent, ou si seulement la question est douteuse, comment peut-on les rendre aux uns et les refuser aux autres? Comment en présence de notre droit civil, de l'égalité des partages qu'il consacre, comment ose-t-on reconnaître le droit des filles en dépouillant les fils, et créer ainsi une sorte de loi salique au profit de la confiscation? »

J'avais, au nom des princes, demandé au président du corps législatif le dépôt de leur nouvelle protestation sur le bureau de l'assemblée. De son côté, M. de Montalembert l'avait prié de faire part de sa lettre à ses collègues. Le même sort attendait les deux documens. Aucun dépôt n'eut lieu, aucune communication ne fut faite au corps législatif. La loi fut votée en silence, sans que personne signalât le coup moral qu'elle portait au décret de confiscation, et la persécution reprit son cours.

Cette persécution, qui avait pénétré jusqu'au cœur des princes dans la question de l'hospice d'Enghien, n'avait pas cessé de les poursuivre dans le noble emploi de leur exil ; elle doubla en quelque sorte cet exil en mettant mille entraves à la publication d'œuvres toutes françaises, qui leur rendait au moins la patrie par l'étude et par les travaux qu'ils lui consacraient. Et cependant, si l'on en excepte une leçon bien méritée d'histoire de France que le prince Napoléon s'était attirée de la part du duc d'Aumale, il n'est pas un seul de leurs ouvrages qui ait contenu la moindre protestation politique ou personnelle. Dédaignant tout le reste, du haut de leur exil ils ne voyaient que la France et ne pensaient qu'à elle, à sa puissance, à sa grandeur, à sa prospérité, lorsqu'ils publiaient leurs remarquables études sur les chroniques du passé, sur les institutions militaires de terre et de mer, sur les sociétés ouvrières, sur la Syrie, sur nos établissemens en Algérie, sur les glorieuses campagnes des armées du Rhin et de l'armée d'Afrique (1). Souvent il fallut se borner à la distribution d'un certain nombre d'exemplaires fixé à l'avance et en faisant connaître les destinataires; plus souvent encore le nom de l'auteur dut être supprimé. Ce genre de persécution fut même érigé en principe par une prescription ministérielle. « Surveillez avec attention, disait M. le ministre de l'intérieur le 13 mai 1861, surveillez avec soin toutes les tentatives de publication des personnes exilées du territoire. De quelque nature que

(1) Comte de Paris. — Dans la *Revue des Deux Mondes : la Semaine de Noël dans le Lancashire*, signé Forcade, 1er février 1863. — *L'Allemagne nouvelle*, signé Forcade, 1er août 1867. — *L'Église d'état et l'église libre en Irlande*, signé X. Raymond, 15 mai 1868. — *Damas et le Liban*, Londres, Jeffs, 1865. — *Les Associations ouvrières en Angleterre (trade's unions)*. Paris, Germer Baillière, 1869. — *Esprit de conquête en 1870*, — *Courrier de la Gironde*.

Duc de Chartres. — *Étude sur les champs de bataille de la vallée du Rhin*, 1869.

Comte de Paris et duc de Chartres. — *Les Campagnes de l'armée d'Afrique*, par le duc d'Orléans, avec Introduction par le duc de Chartres, 1870.

Prince de Joinville. — Dans la *Revue des Deux Mondes : l'Escadre de la Méditerranée*, 1er août 1852. — *La Question chinoise*, 1er juin 1857. — *La Marine à vapeur*, 15 février 1859. (Ces écrits, signés V. de Mars dans la *Revue*, ont été réimprimés en un volume sous le titre d'*Études sur la Marine*, Michel Lévy, 1859.) — *Campagne du Potomac*, signé Trognon, 15 octobre 1862. — *Encore un mot sur Sadowa*, 15 février 1868.

Duc d'Aumale. — Dans la *Revue des Deux Mondes*, sous la signature V. de Mars : *Les Zouaves*, 15 mars 1855. — *Les Chasseurs à pied et les nouvelles armes à feu*, 1er avril 1855. — *Alésia, étude sur la septième campagne de César en Gaule*, 1er mai 1858. — *Les Institutions militaires de la France*, signé Laugel, 1er mars 1867. (Ces études ont été réimprimées en volumes, Paris, Michel Lévy.) — *Documens sur la captivité du roi Jean*, Twickenham, 1855. — *Lettre sur l'histoire de France adressée au prince Napoléon*, Paris, Dumineray, 1861. — *Inventaire des meubles de Mazarin*, Londres, 1861. — *Histoire des princes de Condé*, 2 vol. in-8°, Paris, Michel Lévy, 1863. — *Lettre sur l'Algérie en réponse à celle de l'empereur*, signée Pessard, 1867 ou 1868.

Duc d'Alençon. — *Luçon et Mindanao*, — *Revue des Deux Mondes*, 15 mai 1870, puis réimprimé en un volume.

puissent être ces publications, sous quelque forme qu'elles se produisent : livres, journaux, brochures, vous devez procéder sur-le-champ à une saisie administrative, m'en référer immédiatement et attendre mes instructions. »

Le gouvernement était dès lors informé de la prochaine publication d'une histoire des princes de Condé pendant les xvi° et xvii° siècles. En effet, M. le duc d'Aumale était en possession des précieuses archives de la maison de Condé; il lui avait paru qu'elles ne pouvaient rester exclusivement sa propriété, que la France avait le droit de connaître tout ce qui concernait une famille qui a tant contribué à sa gloire, et qu'une histoire des princes de Condé par un écrivain français ne pouvait s'imprimer qu'en France. Cette pensée était, à ce qu'il semble, un danger pour le gouvernement impérial, car, après avoir laissé imprimer 4,000 exemplaires du 1er volume et plusieurs feuilles du second, il les fit saisir et transporter à la préfecture de police le 19 janvier 1863. Nous n'avons pas besoin de dire que M. le duc d'Aumale et son éditeur s'adressèrent à la justice pour avoir raison de cette incroyable confiscation, opérée au nom de la raison d'état. Toutes les juridictions furent successivement invoquées à tous les degrés par l'éloquente parole de deux éminens avocats, MM. Dufaure et Hébert. Partout, pendant plusieurs années, on opposa aux appels du droit la barrière des incompétences et des questions préjudicielles; enfin, au bout de plus de six années, la question de propriété revint au tribunal civil de la Seine avec toute sa clarté dégagée des ombres administratives. Devançant un jugement inévitable sur lequel la conscience des juges ne laissait aucun doute, l'administration s'inclina, et la raison d'état s'avoua vaincue.

Il n'en était pas de même pour les résidences et les biens confisqués. Loin de là, le génie de la confiscation, irrité par la résistance, n'en continuait que plus activement son œuvre de destruction du patrimoine de la maison d'Orléans. Dès 1852, il lui avait donné une large préface en ordonnant dans le délai d'un an la vente forcée des propriétés personnelles des princes non comprises dans la donation du 7 août, ajoutant ainsi au produit des ventes futures la spoliation supplémentaire représentée par les droits d'enregistrement. Puis, reprenant l'œuvre interrompue des émeutiers du 24 février, le gouvernement impérial se mit à dépecer le beau parc de Neuilly, créé à grands frais et avec un soin paternel par le roi Louis-Philippe autour de sa résidence favorite. C'est un triste tableau que celui de ces ruines accumulées pour satisfaire les plus mauvais penchans du cœur humain et rassurer des intérêts dynastiques. Sans doute, c'est bien peu de chose auprès du lamentable et douloureux spectacle de tant d'autres ruines; mais le plus grave attentat contre le droit de propriété qui ait été voulu et consommé de notre temps vaut bien qu'on s'y arrête, et qu'on le fasse figurer avec ses conséquences dans le bilan des actes qui ont préparé pour la France l'abaissement de l'âme et la mutilation du corps.

La confiscation a vendu cinq des résidences de la famille d'Orléans sans compter les bâtimens de Monceaux.

Huit grands domaines ont été entièrement aliénés; en voici les noms avec indication de leurs principales subdivisions :

Indication des domaines.	Désignation des biens.
AUMALE............	Ancien château, dépendances et forêts.
LE RAINCY........	Château, parc et dépendances.
LA FERTÉ-VIDAME..	Château, parc et dépendances.
PACY.............	Forêts de Roseux et d'Ivry.
MONCEAUX.........	Parc, bâtimens et dépendances.
NEUILLY..........	Parc, moins quelques parcelles acquises depuis 1830.
BIZY.............	Château, parc et forêts.
VERNON...........	Forêt.

Quatre grands domaines ont été l'objet de ventes partielles, savoir :

AMBOISE.........	Quelques annexes.
BONDY..........	Forêt.
JOINVILLE.......	Ancien prétoire, forêt de Baudray, bois de l'Éparmont, bois de Libraumont.
SAINT-DIZIER.....	Haut-fourneau d'Éclaron.

Deux grands domaines seulement, Eu et Dreux, la petite propriété de Lepaud (Creuse), dont le revenu est presque nul, sont encore entiers entre les mains de l'état. A ces domaines épargnés, il faut joindre un certain nombre d'actions des canaux du Loing et d'Orléans dont aucune n'a été aliénée. Après l'expropriation pour cause d'utilité publique dont ces canaux ont été l'objet (1), l'état a fait annuler les titres des actions ayant fait partie de la donation du 7 août; mais la propriété reste intacte entre les mains de l'état, qui en doit compte en nature ou en un capital équivalent (2).

Tels sont les débris des propriétés de la famille d'Orléans que les jours comptés du second empire ne lui ont pas laissé le temps de faire disparaître. Nous voudrions pouvoir satisfaire la curiosité de nos lecteurs en leur donnant en chiffres le résultat de la confiscation; mais le ministère des finances possède seul des renseignemens précis sur le capital provenant des ventes et sur la totalité des revenus dont les héritiers du roi Louis-Philippe ont été dépouillés pendant vingt années consécutives. Toutefois, après avoir

(1) Loi du 1er août 1860.
(2) Loi du 20 mai 1863.

tenu compte, à la décharge de l'état, des effets de la loi de 1856, relative aux dots des princesses et des paiemens concernant les dettes hypothéquées sur le domaine confisqué, comme celles de l'emprunt contracté par ce domaine en 1850 et les pensions viagères, nous croyons pouvoir affirmer que la spoliation dont les princes ont été les victimes monte à plus de 25 millions.

Mais qu'importent les chiffres? Avons-nous donc pris la plume pour établir un compte? Non certes, ce n'est pas le dernier survivant des exécuteurs testamentaires du roi Louis-Philippe qui vient demander justice au nom du droit violé, c'est le citoyen vieilli dans les affaires publiques qui s'adresse aux intérêts, au patriotisme, à la conscience de son pays, en déchirant un coin du voile qui a si longtemps dérobé aux regards de la France trompée les procédés d'une politique fatale. Assurément, s'il le fallait, l'exécuteur testamentaire ne faillirait pas à sa mission, et reprendrait énergiquement la lutte qu'il a soutenue pendant tant d'années; mais en est-il besoin quand la restitution de la propriété est réclamée par la conscience publique, quand cette restitution est assurée par le concours d'un gouvernement et d'une assemblée souveraine fermement résolus à réparer, sur tous les points où elles ne sont pas irrémédiables, les iniquités du régime impérial? La loi va intervenir, le gouvernement l'a proclamé par la voix des ministres des finances et de la justice. Cela suffit, le droit sera vengé et la justice historique satisfaite. En vain les avocats intéressés du césarisme, unis aux derniers représentans de haines invétérées qui se meurent, cherchent à égarer les esprits par d'étranges exagérations et à entourer d'obstacles une solution qui touche à la fois au droit des victimes de la spoliation, à la sécurité des acheteurs des biens indûment vendus et aux finances de l'état, débiteur de sommes considérables. Que les hommes de bonne foi se rassurent, l'équité corrigera tout ce que le droit strict aurait de trop rigoureux. Les princes dépouillés n'ont jamais élevé la voix qu'au nom du droit et de la piété filiale. Dès le premier jour, devançant toutes les préoccupations, ils se sont expliqués formellement à cet égard sans y avoir été provoqués. Ils demandent que la sécurité des acheteurs soit entièrement garantie par la loi, et en même temps ils déclarent qu'au moment où ils rentreront dans la possession des débris de leur fortune ils seront prêts à ne point se prévaloir contre l'état de la créance en argent provenant du fait des décrets de confiscation. Ils participeront de la sorte, dans la mesure que l'équité aura suggérée à l'assemblée nationale, aux sacrifices que les malheurs de la patrie doivent imposer à tout bon citoyen.

Ainsi se trouvera clos ce compte du passé qu'on ne se rappellera que pour flétrir l'acte antisocial qui en est l'origine, pour honorer les deux gouvernemens de la république qui, à vingt-trois ans de distance, se seront entendus pour maintenir avec fermeté le droit sacré de la propriété. Pour nous, en racontant ce triste épisode de l'histoire contemporaine, nous n'avons pas consulté notre dévoûment personnel pour ces princes dont les destinées, quoi qu'on puisse dire, sont considérées par la grande majorité de la nation comme intimement liées à sa puissance, à sa prospérité, à son avenir; nous avons obéi à notre dévoûment pour la France. Nous avons accompli un devoir en faisant passer sous ses yeux ce tableau fidèle et peu connu où, dans un cadre restreint, apparaissent tous les ressorts et toutes les pratiques de cette politique à laquelle notre malheureuse patrie a dû les désastres qui l'ont accablée. Le récit de tant d'arbitraire mêlé de violence et de ruse ne peut que raffermir en elle

> . . . . . Ces haines rigoureuses
> Que doit donner le vice aux âmes vertueuses.

Et si nous ne les avons pas invoquées en vain au nom de l'odieuse confiscation de 1852 et des persécutions qui l'ont accompagnée, combien ne doit pas être plus énergique et plus irrésistible la réaction de ces haines salutaires contre cette confiscation mille fois plus odieuse de 1851, qui a porté la main sur les élus de la nation et sur la liberté elle-même!

La France a recouvré ce bien précieux : qu'elle ne le laisse plus confisquer par le césarisme, qui conspire déjà pour le ressaisir. Qu'elle se défie surtout des remèdes héroïques qui ont aggravé chaque fois le mal social au lieu de le guérir. Qu'elle se rappelle que la liberté réglée par les lois et loyalement pratiquée lui a déjà permis de réparer, avec un succès auquel on ne pouvait s'attendre, une partie des ruines immenses que l'empire nous a léguées. La liberté seule peut achever l'œuvre, si bien commencée, à laquelle M. Thiers a si patriotiquement consacré ses grandes facultés sous les auspices d'une assemblée souveraine, la plus indépendante, la plus libérale peut-être que la France ait jamais eue. Quel que soit le nom sous lequel la majorité du pays veuille la constituer, république ou monarchie constitutionnelle, sacrifions-lui nos ressentimens, nos anciennes divisions, nos préférences intimes, — car, sachons-le bien, le culte énergique et désintéressé de la liberté légale est la dernière voie de salut ouverte à la société, menacée par ces deux grands ennemis de l'ordre et de la dignité humaine, qui se tiennent, s'allient souvent et se succèdent toujours : le césarisme et la démagogie.

PARIS. — J. CLAYE, IMPRIMEUR, 7, RUE SAINT-BENOIT. — [1179]